CLAUDIO ZANUTIM

#TENHO ORGULHO DE SER VENDEDOR

Muito mais "comos" do que "o ques"

São Paulo, 2018
www.dvseditora.com.br

#TENHO ORGULHO DE SER VENDEDOR

Muito mais "comos" do que "o ques"

Copyright© DVS Editora 2018

Todos os direitos para a território brasileiro reservados pela editora.

Nenhuma parte deste livro poderá ser reproduzida, armazenada em sistema de recuperação, ou transmitida por qualquer meio, seja na forma eletrônica, mecânica, fotocopiada, gravada ou qualquer outra, sem autorização por escrito do autor, nos termos da Lei n° 9.610/1998.

Capa: Marina Avila
Diagramação: Raquel Serafim
Revisão de textos: Alessandra Angelo

Dados Internacionais de Catalogação na Publicação (CIP)
(Câmara Brasileira do Livro, SP, Brasil)

Zanutim, Claudio
  #Tenho orgulho de ser vendedor : muito mais comos do que o ques / Claudio Zanutim. -- São Paulo : DVS Editora, 2018.

  ISBN 978-85-8289-193-3

  1. Administração de vendas 2. Clientes - Satisfação 3. Desempenho 4. Motivação 5. Sucesso em vendas 6. Vendas e vendedores I. Título.

18-20386   CDD-658.85

Índices para catálogo sistemático:

1. Coaching de vendas : Administração   658.85

Iolanda Rodrigues Biode - Bibliotecária - CRB-8/10014

#TENHO ORGULHO DE SER VENDEDOR

Muito mais "comos" do que "o ques"

CLAUDIO ZANUTIM

SUMÁRIO

6	PREFÁCIO	80	O QUE 21
9	APRESENTAÇÃO	82	O QUE 22
16	INTRODUÇÃO	84	O QUE 23
22	SOBRE O AUTOR	86	O QUE 24
25	O QUE E COMO – ZERO	88	O QUE 25
36	O QUE 1	90	O QUE 26
38	O QUE 2	92	O QUE 27
40	O QUE 2 ½	94	O QUE 28
42	O QUE 3	96	O QUE 29
44	O QUE 4	98	O QUE 30
46	O QUE 5	100	O QUE 31
50	O QUE 6	102	O QUE 32
52	O QUE 7	104	O QUE 33
54	O QUE 8	106	O QUE 34
56	O QUE 9	108	O QUE 35
58	O QUE 10	110	O QUE 36
60	O QUE 11	112	O QUE 37
62	O QUE 12	116	O QUE 38
64	O QUE 13	118	O QUE 39
66	O QUE 14	120	O QUE 40
68	O QUE 15	124	O QUE 41
70	O QUE 16	126	O QUE 42
72	O QUE 17	130	O QUE 43
74	O QUE 18	132	O QUE 44
76	O QUE 19	134	O QUE 45
78	O QUE 20	138	O QUE 46

140	O QUE 47	**214**	O QUE 73
142	O QUE 48	**216**	O QUE 74
144	O QUE 49	**218**	O QUE 75
146	O QUE 50	**220**	O QUE 76
148	O QUE 51	**224**	O QUE 77
150	O QUE 52	**228**	O QUE 78
152	O QUE 53	**232**	O QUE 79
154	O QUE 54	**234**	O QUE 80
158	O QUE 55	**238**	O QUE 81
160	O QUE 56	**240**	O QUE 82
164	O QUE 57	**242**	O QUE 83
166	O QUE 58	**244**	O QUE 84
170	O QUE 59	**246**	O QUE 85
174	O QUE 60	**250**	O QUE 86
178	O QUE 61	**252**	O QUE 87
182	O QUE 62	**254**	O QUE 88
184	O QUE 63	**256**	O QUE 89
186	O QUE 64	**258**	O QUE 90
188	O QUE 65	**262**	O QUE 91
190	O QUE 66	**270**	O QUE 92
192	O QUE 67	**276**	+1 (O QUE)
200	O QUE 68	**288**	MINHAS CONSIDERAÇÕES
204	O QUE 69	**295**	"PRA FECHAR"
206	O QUE 70		
210	O QUE 71		
212	O QUE 72		

PREFÁCIO

Acredito que o melhor de um profissional está em sua atitude, na forma como se apresenta e principalmente no seu sorriso. Sabe aquela sensação gostosa de conversar com uma pessoa e ela te encantar pela paixão pelo que faz? Então, assim é o Claudio Zanutim.

Um homem de bem com a vida e apaixonado por aquilo que faz, ou seja, ser vendedor. Preocupado em fazer sempre o melhor, contagiando a todos com o seu alto-astral, seu desejo de viver intensamente e sua gana em querer ajudar as pessoas a encontrar o seu caminho. Como executiva de branding pessoal, sempre procuro nos profissionais duas habilidades importantes, que são: sua identidade, que o faz ser único e seu diferencial competitivo, como ele se destaca dos demais colegas. Zanutim tem uma identidade contagiante que é o seu sorrisão e seu profissionalismo quando o assunto é vendas e se destaca por sua integridade em oferecer o que há de melhor na sua área.

Este livro é a prova disso, começando pelo nome **#tenhoorgulhodeservendedor**, que já demonstra a principal finalidade desta obra. Acredito que o título seja a primeira e principal dica de sua paixão pela profissão de vendedor. O grande diferencial do livro é que o conteúdo foi desenvolvido de forma a dar dicas convincentes de como ser um vendedor de alta performance. Essas dicas são sempre acompanhadas de complementos importantes e Zanutim deixa claro que sua missão é ajudar o profissional de vendas a encontrar o meio correto para atingir suas metas e objetivos. São 91 dicas valiosas de como se tornar um profissional diferenciado e valorizado no mercado, com destaque para a dica 9, minha preferida: "Fazer o que gosta e com paixão faz com que você não meça dias ou horas na execução de seu trabalho, isto é entusiasmo". Este é, também, o meu lema: "para ser melhor, é preciso ser apaixonado por aquilo que faz".

Esta obra que você tem agora em mãos, caro leitor, é o credo de Claudio Zanutim. Nela ele expõe de modo claro e objetivo tudo aquilo que vem pregando ao longo de sua carreira como vendedor. Ao terminar a leitura, você certamente entenderá com excelência a arte de vender, entenderá o passo a passo para a construção de uma trajetória profissional de vendas plena e de sucesso.

Estou convencida de que a leitura desta obra é essencial, pela abordagem moderna e atual trazida pelo autor. Ele nos conduz a refletir o quanto temos a aprender e, ainda, nos define a importância de marcar presença no mundo, onde não existe mágica para o sucesso, mas sim o "trabalhar com paixão".

Parabéns Claudio Zanutim por contribuir, de forma tão clara, para o entendimento de vendas com alta performance e sua relevância no mundo corporativo!

Márcia Auriani
Executiva de Branding e Gestão do Design.
Palestrante, consultora, escritora, coordenadora
e professora de pós/MBA.

APRESENTAÇÃO

Nós, seres humanos, estamos sempre à procura ou à espera de uma fórmula mágica que, como uma varinha de condão, solucione todos os nossos problemas: boas dicas de alguém, as quais nos salvem ou nos façam melhorar assim, do dia para noite, sem esforço, mudança no comportamento ou comprometimento. Podem até serem umas muletinhas, não é?

Percebi, ao longo de meus anos de palestras e treinamentos, que as pessoas esperam por "dicas de ouro"!

Quantas vezes ouvi: "Zanutim, você pode me dar cinco dicas para eu vender mais?" "Pode me dar dicas para eu alcançar minhas metas rapidamente?" "Pode me dar dicas para eu ser feliz?" "Pode me dar dez dicas para eu não perder meu marido?" "Tem oito passos para eu me dar bem na carreira?" "E quais são os doze passos para dispensar um homem chato na balada?" Sei lá!

Assim, cheguei à conclusão de que as pessoas querem algo para reduzir o "suor", e que, se o fizerem por elas, melhor!

Eu não quero que este livro seja um tipo de protocolo a seguir, como se seu sucesso fosse poderoso ou se transformasse somente devido às dicas aqui contidas.

Não!

Quero mesmo é que esse livro sirva de provocação às reflexões relevantes para você aplicá-las e melhorar sua vida e suas vendas.

Ou seja, dependerá mais de você do que das dicas, do livro ou de mim.

Um vendedor de alta performance é o protagonista, é o tipo de gente que coloca a "mão na massa" e não fica no "chororô" ou "mimimi". Dessa forma, busca incansavelmente conhecimento, não mágica, passos ou dicas "matadoras"!

Um vendedor de alta performance também sabe que, em tempos de crise, ele deve gerar valor para os seus clientes e superar as objeções de forma assertiva e lucrativa.

Na boa, eu não sou guru. Sou um ser humano comum falando para gente comum. Gurus vêm e vão, eu quero vir para ficar.

Nós, que somos palestrantes, consultores e treinadores, temos muita coragem, pois necessitamos pensar em coisas das melhores formas, justamente para fazê-las acontecer.

Então, creio que ninguém esperava por esse livro de dicas! Vale mencionar que não são dicas simples, mas dicas de ouro, pois podem colaborar verdadeiramente com os que têm orgulho de ser vendedores e "abrir portas" para os que, verdadeiramente, quiserem entrar.

Nessa obra não quero compartilhar milagres, mas minha experiência de mais de 32 anos no mercado de vendas, o que me permitiu saber que um bom vendedor precisa de evolução intelectual, física, espiritual e emocional.

Mas não quero oferecer somente dicas, pois estou meio de "saco cheio" deste monte de "o que" que as pessoas perguntam. Portanto, coloquei a expressão O QUE como dica e, na sequência, a expressão COMO acompanhada por um texto com minhas observações sobre vendas. Assim, tenho certeza de que realmente ajudarei o leitor.

Quem tem orgulho de ser vendedor é uma grande pessoa, que sabe que momentos decisivos exigem do vendedor capacidade de observação, percepção, escuta atenta e estruturada, além de persuasão, o que é muito mais complexo do que o simples atendimento-padrão que qualquer vendedor faz, porque atender bem é regra, entregar bem é regra, tratar o cliente bem é regra, porém, superar expectativas, compreender e atender de modo personalizado os clientes é que são outros "quinhentos": entrega de experiências e produção de valor!

Assim, esse livro tem como propósito buscar a melhoria do relacionamento com o cliente, visto que o bom relacionamento é uma forma de vender.

Esse projeto nasceu como pequenas doses de conhecimento sobre vendas em forma de memes para o Facebook (não cômicos). Por isso, você perceberá que não há uma sequência e que isso tem o propósito de lhe deixar à vontade para abrir e ler a página que quiser.

Posteriormente, a ideia evoluiu para discorrer um pouco mais sobre cada dica, e esse é o primeiro livro de uma série com três livros: esse, que é sobre vendas, o segundo, que será sobre marketing, e o terceiro, que será sobre estratégias.

Além disto tudo, criei uma sequência de vídeos com a hashtag **#tenhoorgulhodeservendedor** e também um monte de depoimentos de várias pessoas, de segmentos distintos, declarando a *hashtag*. Você pode ver isso tudo em meu canal do YouTube.

Na boa? Não dá mais para tratar de vendas de forma infantil, com treinamentos banais e com palestras de injeção de ânimo, além de espetáculos e mágica! Nada contra, até porque esse tipo de entretenimento é bom, mas, certamente, não faz aumentarem as vendas no dia seguinte.

O que nós, vendedores, precisamos, é de disciplina no atendimento, e, no dia a dia, de muita força de vontade para superarmos os obstáculos da atualidade, além de uma caixa de ferramentas de primeira.

Certa ocasião estava em rota, fazendo um diagnóstico para um gigante de alimentos, e durante as visitas fui percebendo a falta de ferramentas extraordinárias para aqueles vendedores.

Eles não sabiam ofertar benefícios, não sabiam fazer perguntas poderosas para seus clientes e assim iniciavam toda conversa com argumento de preço.

Precisamos de *hard skills* e *soft skills*, pois, quando encontramos prego, podemos utilizar martelo em vez de chave de fenda. Vendedor top investe continuamente em sua caixa de ferramentas!

Essa condição, no entanto, só pode ser conquistada com a mudança de comportamento, o que demora e dói, pois todos nós temos crenças.

Quer um exemplo?

Você pode crer que, a partir de amanhã, vai começar a correr. Sua forte crença lhe faz avisar aos amigos, a esposa e a todos.

Contudo, pode ser que você não acorde às cinco da manhã, não se troque, coma banana e saia para correr.

Mas você está crente, se lembra? Então você vai falar: "Amanhã, eu vou. De amanhã, não passará!" E, no dia seguinte, você também não vai.

O que aconteceu?

Sua crença (ou suas crenças) limitam você, lhe impedem de ser um vencedor. O que fazer?

Um esforço para mudar o comportamento, o que precisará ser repetido por 36 dias, mais ou menos, para que seu cérebro entenda sua decisão e seu corpo responda a ela positivamente.

Esse nosso corpinho é vagabundo, meu!

Se você quer ser um vendedor de sucesso, precisa entender que o mundo evoluiu e que, diante da evolução, você não pode, simplesmente, esperar que as coisas melhorem. Aja, pois esse livro apenas lhe encorajará e lhe dará grandes insights para que tenha sucesso em suas vendas. Ele não fará trabalho para você.

Para iniciar, você sabe o que diferencia vendedores comuns de **vendedores de alta performance?**

1 **CONHECIMENTO:** têm ambição e capacidade para compreenderem que devem estar em constante aprendizado.

Vendedores de alta performance têm a mente aberta e pronta para o conhecimento. O papo que os vendedores não estudam e não se desenvolvem constantemente é furado, quando se fala em alto desempenho.

Vendedores que encaram a profissão não param de pesquisar e estudar constantemente.

2 **"SANGUE NOS OLHOS":** sua paixão por vender auxilia seus clientes a ganharem mais dinheiro.

A paixão é considerada um estado de demência momentânea em nosso cérebro. Por isso, eu utilizo a ideia de paixão por vender e ajudar os clientes.

Gente de alta performance é demente: está constantemente apaixonada por vendas!

3 **INOVAÇÃO:** vendedores de alta performance têm que se diferenciar; não adianta fazerem igual aos chamados "vendedorzões".

Albert Einstein tem uma frase que diz que não dá para esperar resultados diferentes fazendo as coisas da forma como sempre faz.

Vendedores de alta performance sabem que nada muda, se eles não mudarem.

Como são pessoas que não param de buscar o conhecimento, eles sempre estão prontos para inovar, seja em produto, atendimento, forma de demonstração, estratégias de prospecção, táticas de negociação, de fechamento, etc. Sabem que precisa ser tudo novo e de novo.

4 "MÃO NA MASSA": têm capacidade de executar com excelência. São pessoas que não têm "mimimi": elas agem para melhorar suas habilidades e sabem que precisam de *hard skills* (habilidades técnicas) e *soft skills* (habilidades comportamentais) para executarem cada vez mais e melhor.

Ter a "mão na massa" é ter um *call to action* o tempo todo. Colocam em prática as coisas que aprendem para venderem mais e melhor, com objetivo de fidelizarem clientes.

5 TÊM ÉTICA: vendem com transparência, muito profissionalismo e foco no resultado da empresa.

A ética! Um vendedor de alta performance sabe que atender as necessidades de seus clientes, as suas e as da empresa é um desafio.

Afinal, quem já não passou por um constrangimento com compradores profissionais ou consumidores espertinhos, que queriam levar vantagens a mais?

Vender com transparência tem a ver com a ética do bom senso, da entrega comprometida, dentro das condições combinadas de produtos confiáveis, de qualidade.

Vender com profissionalismo tem a ver com ética individual, aquele conjunto de regras e normas que rege o seu posicionamento e sua forma de pensar, sem considerar a ética dos grupos maiores.

Vender com foco nos resultados tem a ver com a ética do compromisso, que respeita os limites da companhia, de modo a não prejudicá-la para levar algum tipo de vantagem para si ou somente para o cliente.

6 **ATENÇÃO PARA AS METAS:** vendedores de alta performance são extremamente comprometidos e focados em seus processos para atingir suas metas. Têm foco nos planos de ações do presente para atingir suas metas que sempre estarão no futuro.

Vendedores de alta performance têm a meta como seu maior direcionador e prioridade.

Querem mais remunerações variáveis do que fixas, pois confiam em si e sabem que seus desafios interiores são maiores que os desafios exteriores.

Sabem que bater metas têm mais a ver consigo, com suas crenças e comportamentos, do que com a imposição das metas.

Sabem que o que os manteve até onde chegaram não necessariamente os levará para patamares maiores no futuro, para atingirem metas mais desafiadoras.

Sabem que os conjuntos de habilidades que devem estar em constante aprendizado farão toda a diferença para manter o foco nas metas.

Costumo associar o comprometimento a dois tipos de pratos brasileiros: um é o virado à paulista, no qual a galinha fica envolvida, pois bota o ovo; o outro é a feijoada, no qual o porco fica comprometido, visto que dá até o rabo.

7 **FOCO NO FOCO DO CLIENTE:** têm visão holística.

Parece fácil falar sobre isso, não é?

Mas, qualquer um pode ter o foco no foco do cliente?

Nada disso! Só os vendedores de alta performance conseguem desenvolver essa habilidade, que tem a ver com empatia, visão global, entendimento e mapeamento do mercado ou setor do cliente, conhecimento profundo dos produtos e discernimento entre características, vantagens e benefícios para os clientes dos clientes.

Não importa que tipo de atendimento você preste: B2B, B2C, B2B2C, B2 Governamental ou B2ONG. O fato é que o seu foco deve ser no consumidor final, no usuário, aquele que realmente paga a conta em todo processo produtivo ou serviço.

Vendedores de alta performance precisam ter essa visão holística.

INTRODUÇÃO

Sabe caro leitor ou cara leitora, quando, inicialmente, pensei em escrever esse livro, havia em mim um sentimento de obrigação, que me gerava uma pergunta no fundo da alma: – Como eu, um cara que fala de vendas há anos, ainda não escreveu um livro sobre vendas?

Esse livro ficou na gaveta por quase três anos. Sabe por quê?

Porque eu não acreditava que fosse possuidor da incrível habilidade de lidar com pessoas. Não cria em meu potencial, pois tinhas crenças que me limitavam. Se você se sente assim, tente superar isso o mais rápido possível e creia que ser vendedor é algo incrível, do qual deve se orgulhar.

Eu não tinha tanta convicção de que vender pode ajudar milhões de pessoas a melhorarem seu sucesso com vendas.

Também não acreditava na existência da capacidade de persuadir e influenciar as pessoas e os clientes. Senti dificuldade para escrever esta introdução, pois nela admito algumas de minhas limitações e alguns de meus medos. Porém, sempre tive muita coragem e um *mindset* de crescimento (veja ao final do livro).

Coragem significa "ação que vem do coração". Entendo que ela se contrapõe ao medo. Então, tenha muita coragem e medo, pois esses dois sentimentos lhe ajudarão a ser um vendedor de alta performance.

Costumo dizer que não tenho dinheiro, mas tenho uma coragem incrível! Quem sabe, um dia, alguém diga que minha caminhada foi sorte!

Outro desafio foi escrever esse livro para ajudar tanto vendedores experientes no varejo, na indústria e no setor de serviços, quanto vendedores iniciantes.

Para isso, precisei me ater a um texto simples, mas não simplório e que atende aos vários tipos de negócios em vendas: B2B, B2C, B2B2C, e B2 Governamental. Creio que consegui. Você pode avaliar e me enviar críticas pelas redes sociais, por favor? Afinal, o foco de todo vendedor deve ser o cliente final!

Foi me conhecendo e buscando compreender cada vez mais como sou e como me comporto que comecei a entender mais os outros e a reconhecer minhas habilidades, bem como valorizá-

-las para ajudar as pessoas. Desse modo, servir os outros passou a ser essencial para mim. Tanto que, há 20 anos, se tornou meu propósito.

Procure o seu propósito e defina-o, porque a definição lhe ajudará demais em sua carreira!

Eu tinha vergonha de ser vendedor. E, por incrível que pareça, as pessoas sempre me enxergaram como um grande vendedor. Como é ruim não acreditarmos em nós!

São Beda, que foi um monge inglês, viveu nos mosteiros de São Pedro 600 anos d.C. e escreveu três ações que podem levar uma pessoa ao fracasso.

A primeira: não ensine o que sabe; a segunda: não pratique o que ensina; a terceira: não questione o que ignora.

Para sermos conduzidos ao sucesso, precisamos traduzir essas ações:

Primeiramente, ensine o que sabe com muita generosidade; **posteriormente,** pratique o que ensina. Um famoso escritor, filósofo e poeta estadunidense, o Waldo Emerson, disse, certa vez, a seguinte frase: "suas atitudes falam tão alto que eu não consigo ouvir o que você diz"; **por fim,** pergunte sempre para esclarecer o que você não sabe. Não seja ignorante ou arrogante!

HUMILDADE É O NOME DO JOGO!

Também acreditei, por algum tempo, que vendedor não era uma profissão, mas algo que fazia quem nunca havia estudado ou conquistado um futuro promissor, de modo que a única opção era ser vendedor em um shopping center para pagar as continhas do mês, algo medíocre!

Bem, inicialmente, eu não tive um baita privilégio: comecei como atendente, aos 14 anos, no McDonald's; depois, fui vendedor em loja de rua. Isso porque havia apenas cinco shoppings em São Paulo, de modo que as ruas eram melhores para as vendas.

Logo, se você está iniciando sua carreira como vendedor em um shopping, sinta-se privilegiado: está começando bem!

Fui introduzido no mercado de trabalho para atuar no varejo. Posteriormente, atuei na indústria e hoje sou empresário com mais de 32 anos de carreira. A partir de 2007, após uma "virada de jogo", passei a atuar como palestrante, professor, consultor, facilitador, *coach* e vendedor. Apesar das mudanças, tenho que vender o tempo todo e sempre digo que sinto orgulho de ser um vendedor, porque vendo meus serviços e minha imagem, o que não é fácil, em um mercado cada vez mais digital, conectado e altamente competitivo dentro de um mundo V.I.C.A (Volátil, Incerto, Complexo e Ambíguo). Esse termo nasceu na área militar e passou a ser muito utilizado no mundo empresarial, a partir da década de 1990.

Com clientes cada vez mais exigentes, informados, que buscam mais um consultor do que um apresentador de produtos e aceitando cada vez menos um não, eu tenho certeza de que quem trabalha na área comercial é um verdadeiro artista e um profissional de alta performance.

Construir parcerias de negócios constantemente e depender completamente de meus clientes é, em minha opinião, uma das coisas mais desafiadoras do mundo, com estabilidade zero. Ao mesmo tempo, é tudo que um vendedor de alta performance quer.

Estudei e estudo muito, pois acredito que um vendedor de alta performance, seja no varejo, na indústria ou no setor de serviços, tem que se desenvolver constantemente. Essa foi minha primeira dica, lá no início do livro.

Minha descrença no fato de as vendas serem incríveis se desfez, caiu por terra. Desse modo, há anos tenho a convicção de que somente elas (as vendas) podem mudar a vida de uma pessoa para melhor rápida e significativamente. A remuneração variável passa a competência, a responsabilidade e o sucesso para as mãos do vendedor. Quem tem "sangue nos olhos", de acordo com outra dica que dei no início do livro, tem mais chances de ser vencedor.

Veja como é a vida da gente:

Faço parte de uma iniciativa intitulada Empreendedores Compulsivos, e, em junho de 2017, estava eu sentado, assistindo a uma palestra da amiga compulsiva, a Marcia Auriani, em um lugar inusitado, rodeado por pessoas extraordinárias, com as quais, quinzenalmente, compartilho conhecimentos. É um prazer!

Um dos fatores que me motivaram a tirar esse projeto da gaveta e a terminá-lo foi justamente a palestra da Marcia no referido dia.

Aliás, quer se tornar um vendedor extraordinário? Então rodeie-se de pessoas extraordinárias! Tem um ditado popular que diz que nós somos a média das cinco pessoas com as quais mais andamos.

Cuidado com quem anda menino! Lembrou-se da sua mãe?

Atenção, pois se você foi sempre o membro mais inteligente da turma, também é hora de mudar de cadeira!

Mas, voltando do meu rápido devaneio, quero dizer que, em sua palestra, que era sobre Gestão de Marcas, tema que se destaca no universo acadêmico e corporativo, Marcia discorreu por cerca de uma hora e meia, mas, no meio de sua palestra, ela disse uma coisa incrível:

"Você deve ser reconhecido por algo grandioso, que seja a sua marca no mercado, para que, quando as pessoas olharem para você, possam ler você, saber quem você é. Portanto, busque ser o referencial".

Nesse momento, eu pensei: puxa vida, sempre trabalhei com vendas e tenho foco no relacionamento de forma estruturada e profissional, e, em dado momento de minha vida, quis fugir dessa imagem. Mas esse é um rótulo, uma marca que está ligada ao meu jeito de ser e de fazer as coisas, quase um estigma; vem da paixão e do fundo da alma. Sou vendedor!

Então, pensei: está na hora de fazer mais com esse conhecimento adquirido e embarcado, tácito e explícito. Está na hora de compartilhá-lo!

Assim, aqui está meu primeiro livro sobre vendas, e de uma forma diferente, creio eu: fora dos padrões de livros sobre vendas, mas de uma forma que eu achei que ficaria gostosa para compartilhar: uma mistura.

Todas as áreas das empresas são importantes, mas a indispensável é a comercial, pois, se não vender, nada acontece, é produzido, faturado ou entregue.

Jamais tenha vergonha de ser vendedor! Tenha vergonha de ser um vendedor medíocre, de baixa performance, que nunca bate metas, desonesto, antiético, sem foco no foco do cliente e sem força de vontade.

Busque o autodesenvolvimento: não deixe sua carreira nas mãos dos outros ou das empresas. Seja dono de si, se motive e tenha atitudes positivas todos os dias. Inclusive, faça a você três elogios por dia.

Evolua como ser humano como indivíduo e cidadão. Esforce-se para ser melhor a cada dia!

Proponha-se a fazer a diferença onde trabalha e a ser diferente.

Tenha foco, objetivo e meta em mente, bem como um propósito claro de vida.

Trabalhe hoje como se fosse o último dia e trate o trabalho como uma dádiva, nunca como um sacrifício.

Cuide do cliente como se ele fosse seu bem maior, tratando-o de forma respeitosa, digna. Além disso, faça com que ele ganhe dinheiro com você e melhore seus resultados.

Estude para ser o melhor: estude o mercado, o produto e o cliente.

Existem muitos vendedores no mercado, muitos que podem vender para clientes que chamamos de "fáceis" ou menos exigentes, contudo, existem poucos vendedores que podem vender para os clientes mais "difíceis" ou exigentes, pois se esforçam pelo bem da carreira.

Não existe cliente chato, e sim cliente que exige de você o que você não pode entender, fazer ou entregar.

Empenhe-se em se tornar melhor a cada dia. Assim, você verá, rapidamente, que alguns colegas próximos acharão que você tem sorte com as vendas.

Boa leitura!

SOBRE O AUTOR

CLAUDIO "SALES" ZANUTIM
Palestrante | Autor | Maximizador da Performance Humana

SOBRE O AUTOR

Claudio Zanutim é formado pela Escola de Palestras do professor Reinaldo Polito e pela Academia do Palestrante. Autor de três livros e de mais de dez artigos acadêmicos, Claudio atua em parceria como consultor e facilitador com as maiores consultorias de Educação Corporativa do país, Integração Escola de Negócios, HSM, Kuratore e Empreendedores Compulsivos.

Com mais de 32 anos de experiência, atua e já atuou em projetos de vendas e metas em empresas como Claro-Brasil, Seara, Coca-Cola, Itaú, JBS, Prosegur, Monsanto, Porto Seguro, Santander, Avon, entre outras.

Zanutim é Master Coach pelo SLAC, Mestre em Administração de Empresas e Gestão de Pessoas, tecnólogo em Mercadologia, Graduado em Administração de Empresas, especializado em Administração Estratégica, Mercadologia, Gestão de Pessoas, EAD e Didática para o Ensino Superior. Especialista em Design Thinking pela Universidade de Virginia, EUA. Soma experiências nas áreas acadêmica, varejista e industrial.

Objetivo: cooperar para a melhoria da Educação em meu país, especialmente da Educação formal e cooperativa, durante o restante de minha vida.

Missão: "devolver" à sociedade, ao fim de cada ciclo, pessoas melhores e mais capacitadas.

Propósito: buscar incansavelmente a melhoria contínua e compartilhá-la com todas as pessoas que estão ao meu redor e fazem parte da minha rede de relacionamentos.

Visão: tornar-me um referencial na Educação e na humanização do chamado mundo corporativo pela contribuição na formação de cidadãos melhores.

Crenças: no ser humano como ator transformador do ambiente e dos processos; coerência; resiliência; fé; compromisso.

Frase: não sou quem eu gostaria de ser ainda, mas também não sou mais quem e como eu era antes.

Cinco princípios básicos: ter fé; amar a vida; ser humilde; ser curioso; ser ensinável.

Compartilhar ideias sobre dividir conhecimentos e aprendizados para contribuir com o crescimento intelectual, cultural e social das pessoas de sua rede de relacionamentos!

"Sucesso = Trabalho + Garra + Perseverança".

O QUE E COMO - ZERO

Quero começar com a dica número zero. Afinal, não quero que você parta do zero. Paradoxal, não é? Ou seria dicotômico? Ah! Deixa para lá.

Enfim, vamos iniciar!

Quero saber o seguinte: Você quer mudar alguma coisa no próximo mês ou a partir de amanhã? Está difícil gerir o tempo para vender mais e cuidar da vida?

Você é daqueles que diz a todo tempo que não tem tempo para nada?

Sabia que você e eu temos somente 1.440 minutos de vida por dia? Eu escrevi isso em meu livro sobre objetivos e metas, em 2016, e não me canso de propagar esse conhecimento.

Você quer ser um vendedor profissional ou pessoa de alto desempenho?

Sente que este monte de perguntas está sem repostas?

Então precisa saber gerir seu tempo de forma efetiva e competente!

Como disse antes, estou meio cansado de tantos "O QUEs", então, nessa dica de abertura, quero lhe dar dez "COMOs" para você ficar mais efetivo em sua gestão de tempo, de forma a produzir mais e a vender mais e melhor.

Mas, lembre-se: não é promessa nem passe de mágica, menos ainda autoajuda!

Essa "parada" toda vai depender 90% de você, pois se trata de transpiração pura! A minha parte é 10% de inspiração!

1. A PRIMEIRA COISA QUE VOCÊ TEM QUE SABER É QUE O TEMPO É O ÚNICO RECURSO QUE VOCÊ JAMAIS RECUPERARÁ!

Portanto, focar em seus 1.440 minutos de sucesso potencial vai ajudá-lo a priorizar as tarefas essenciais.

Profissionais, atletas e executivos de alto desempenho consideram o tempo como o seu bem mais precioso.

Você pode perder dinheiro ou levar um negócio à falência, mas a perda de tempo é irrecuperável porque, quando não há foco em suas metas e objetivos, algo importantíssimo, você acaba trabalhando para atingir os objetivos de outras pessoas.

Meu amigo ou minha amiga, se você pode fazer uma tarefa em menos de cinco minutos, faça-a imediatamente para livrar-se também rapidamente.

As pessoas de alto desempenho procuram o retorno imediato da aplicação do seu tempo. Para acelerarem o trabalho que está entrando, elas aplicam o método de "tratar só uma vez".

Trate o e-mail ou WhatsApp imediatamente – delegue tantos quantos você puder. Execute imediatamente tudo que demore apenas poucos minutos. Se você não puder responder a um rapidamente, passe-o para a sua agenda.

Só para lembrar: não marque como lidos e-mails que você não leu, só para ficar "bonito na foto". Eu fazia isso.

Atualize a sua agenda, quando necessário. O segredo é organização. Assim, se organize constantemente. Um ambiente, uma agenda ou uma vida desorganizada pode causar estresse e gastar tempo precioso. Se preferir, também pode pesquisar o método japonês conhecido como 5S. Tenho certeza de que você vai melhorar seu desempenho em poucos dias com ele.

Mas, se você não mudar, nada mudará, pois método algum faz milagres. Não há como terceirizar a gestão inteligente do tempo; você é o protagonista dela!

2. LISTE PRIMEIRO O IMPRESCINDÍVEL E, LOGO DEPOIS, FAÇA AS TAREFAS MAIS IMPORTANTES.

Eu costumo usar uma ferramenta simples, por meio da qual organizo as coisas por categorias e as aloco em uma planilha que distingue o imprescindível, ou seja, o que é importante por fazer parte de minha rotina, de todas as outras tarefas.

Gente de alta performance foca em objetivos de longo e curto prazo, mas investe mais energia nos de curto prazo, pois possibilitam a liberação de tempo em suas agendas.

Ultimamente, toda vez que surge uma oportunidade para mim, eu paro e pergunto: "Esta oportunidade ou pessoa me aproxima ou me distancia de minhas metas?" Esta pergunta simples tem um poder tremendo para aumentar a capacidade de dizer não e melhorar a performance.

Não sei se você sabe, mas existe uma teoria que afirma que o cérebro funciona com sua capacidade máxima durante as duas primeiras horas da manhã. Assim, esse papo que utilizamos somente 10% do cérebro é papo-furado!

Portanto, acordar cedo a cada dia lhe dará a possibilidade de ter períodos relativamente calmos para trabalhar, antes de os problemas diários chegarem para desviarem sua atenção. Assim se torna mais fácil investir energia e concentração em metas de curto prazo e em tarefas da rotina. Disciplina é o nome do jogo.

Só tome cuidado para não virar o "chato de plantão"!

Pessoas de alta performance se preocupam em se desenvolverem física, mental, emocional e espiritualmente para aproveitarem o período do começo das manhãs e fortalecerem isso.

A maioria dos vendedores e pessoas de sucesso adota uma rotina matinal para aumentar a energia física e mental. Preocupa-se, por exemplo, em tomar muita água, ingerir alimentos saudáveis e fazer exercícios físicos.

3. DEFINA UMA ROTINA E PASSE-A PARA UMA AGENDA; VERÁ AS COISAS SE ENCAIXAREM!

Não tenho algo contra lista de tarefas, mas elas podem travar seu dia a dia. Algumas pesquisas indicam que muitos utilizadores de listas nunca completam mais do que 41% das tarefas planejadas. As listas diárias tendem a randomizar a ordem de importância das suas tarefas, e, por isso, atrapalham o seu foco.

Ter uma rotina determinada e uma agenda rigorosamente programada faz toda a diferença, pois seguir rigorosamente um programa permite que você foque primeiro em coisas imprescindíveis e, depois, em importantes, como forma de reduzir as atividades urgentes. Decidir quais tarefas merecem ser incluídas na agenda evita que você desperdice tempo.

Cumprindo até 80% de sua agenda, já está de bom tamanho, pois 80% é um índice alto quando são considerados os fatores externos, dos quais não temos controle.

Se você quiser, acesse meu site e lá encontrará uma planilha simples para você criar e trabalhar sua rotina e agenda. O site é esse: www.claudiozanutim.com.br

Costumo dizer que, se você não tem agenda, alguém terá agenda por você.

4. VOLTE PARA O PRESENTE O MAIS RÁPIDO POSSÍVEL. SONHAR É BOM, MAS REALIZAR É AINDA MELHOR!

Eu sou um procrastinador, e minha maior luta tem sido comigo, há anos, para reduzir drasticamente essa "parte" do meu perfil. Descobri que, quanto mais me conheço, mais melhoro minha performance. É uma luta interior na busca pela melhoria contínua, disciplina é o nome do jogo.

A maioria das pessoas diz que a procrastinação é o resultado de decidir fazer as tarefas mais fáceis primeiro ou de acreditar que terá um desempenho melhor mais tarde, mas isso não é assim.

Se você é igual a mim, pode iniciar algumas ações do tipo:

- **Não deixar para depois o que pode fazer agora.**

Para vencer a procrastinação, você deve fazer já, no exato minuto, em vez de acreditar que uma futura versão de você fará a coisa certa mais tarde.

Tem gente que diz que começará uma dieta somente na segunda-feira, pela manhã. Por que não começar agora? As pessoas pensam que elas farão melhor mais tarde, mas, provavelmente, isso não acontecerá. Quer ter sucesso? Comece já!

- **Pense em resultados positivos para se motivar.**

Imagine o resultado de suas ações. Quer que as conclusões de suas tarefas lhe sejam prazerosas ou fracassadas? Digo que o sim já tenho, só tenho que mantê-lo.

- **Delegue, mas não largue!**

É um grande equívoco pensar que passar o problema para frente vai solucioná-lo. Delegue tarefas para pessoas capazes de executá-las até o final.

- **Atribua a si uma punição.**

A promessa de uma recompensa futura seduz algumas pessoas, mas, frequentemente, o receio da punição funciona melhor. Atribuir a si uma pena por não chegar à conclusão pode lhe ajudar.

- **Tenha um comportamento agora sobre o que você projetou.** Saiba que você é imperfeito e que está em construção. Eu faço aniversário em 3 de janeiro, certa vez um camarada me ligou e disse a seguinte frase: "Parabéns Zanutim, mais um ano de vida". Naquele momento eu agradeci e depois fiquei pensando, mais um ano de vida nada, é menos um, eu estou no caminho para o fim e não para o começo. Contudo, sabendo que estou no caminho eu posso querer buscar e ser melhor a cada dia.

Perfeito significa completamente feito, e, como estamos em processo de evolução e crescimento, pensar ser perfeito é pensar que você está acabado.

Aceitar a possibilidade de trabalho imperfeito é o primeiro passo para aliviar o estresse que impede você de começar. E saiba que você pode ir melhorando no caminho. As pessoas dizem que o ótimo é inimigo do bom.

Comporte-se hoje como imagina que se comportaria no futuro.

5. TENHA CALMA; O MUNDO NÃO VAI ACABAR HOJE. AO CONTRÁRIO: LEVOU SEIS DIAS (SIM, NO SÉTIMO DEUS VIU QUE O QUE FEZ ERA BOM, E DESCANSOU) PARA FICAR PRONTO. PRESSA É DIFERENTE DE VELOCIDADE.

As pessoas de alto desempenho aceitam as suas limitações. Em meio às tarefas, elas definem as suas prioridades diárias, tentam concluí-las e deixam o resto para outro dia. Qual é o problema? Como o trabalho a fazer pode não ter fim, elas sabem que precisam estabelecer limites razoáveis.

Organize seu trabalho usando blocos temáticos recorrentes e utilizando a ideia do método dos quatro itens na planilha: Imprescindível – Importante – Urgente – Circunstancial.

Lembre-se: o nome do jogo é disciplina!

6. TENHA UM BLOCO DE ANOTAÇÕES; É ESSENCIAL: O CÉREBRO FALHA E A MEMÓRIA TRAI.

Certa vez, estava lendo sobre Richard Branson, um empresário britânico fundador do grupo Virgin, e descobri que seus investimentos vão da música à aviação, vestuário, biocombustíveis e até viagens aeroespaciais. Ele é considerado o 245º homem mais rico do mundo e disse que nunca sai de casa sem um bloquinho de notas.

No momento em que li isso, pensei: se ele tem um bloquinho, tem foco em alta performance. Então, também terei! E andar com esses blocos tem me ajudado muito. Sei que eles poderão ajudar a você!

Anotar pensamentos errantes, comentários de reuniões e grandes ideias criam sinapses impressionantes! Sei que algumas pesquisas mostram que o cérebro usa várias funções interligadas para processar a informação escrita à mão e isso resulta em uma memorização mais ativa e precisa do que ocorre quando a informação é digitada. O segredo é vencer a preguiça de escrever!

Depois de registrar em papel suas ideias, notas e/ou lições, você pode até copiá-las para o Word, sem problemas, como meio de se organizar melhor.

7. GERENCIE SEU WHATSAPP, SEUS GRUPOS E SUA CAIXA DE E-MAILS DILIGENTEMENTE.

Colaboradores de escritório gastam até um terço dos seus dias de trabalho lendo e escrevendo e-mails, revelou uma pesquisa do McKinsey Global Institute. Saiba que o e-mail é uma forma poderosa de impor suas prioridades na vida.

Eu aprendi um método simples, porém, bastante eficaz, para manter sua caixa de e-mails sob controle: o 3-21-zero. Funciona do seguinte modo: três vezes por dia, gaste 21 minutos tratando as suas mensagens para zerar a caixa.

É claro que, se você só trabalha com isso, deve considerar uma frequência maior. Contudo, faça!

Esse limite de tempo arbitrário força você a responder de forma clara e sucinta. Trate cada e-mail no momento em que abri-lo e, se quiser, pode ter uma folha de Word com respostas prontas, justamente para agilizar.

Verifique seus textos; na maioria das vezes, você trabalha respostas muito parecidas, de modo que ter um bloco de respostas prontas para seus clientes, apenas para copiar e colar cada uma ajuda a economizar tempo.

Por fim, muito cuidado com grupos de WhatsApp: eles podem "comer" seu tempo de forma vertiginosa!

Reuniões devem ser rápidas e podem ser online. Se você está em escritório, pode tirar as cadeiras. Não sirva café, água ou bolachinhas: coloque bistrôs sem cadeiras nas salas de reunião, o que será mais efetivo e suas reuniões passarão a ser mais rápidas e produtivas.

Eliminar as reuniões formais pode poupar tempo; não convoque ou vá a reuniões presenciais, a menos que tenham se esgotado todas as outras possibilidades de reunião. Sei que isto pode significar uma quebra de paradigmas, afinal a frase "vendedor bom é vendedor na rua" pode cair por terra em alguns setores e locais.

8. APRENDA A DIZER "NÃO" E VERÁ QUE É TÃO DIFÍCIL QUANTO GERENCIAR UM FLUXO DE CAIXA.

Um dos homens mais ricos do mundo, Warren Buffett, disse, certa vez, que as pessoas muito bem-sucedidas dizem "não" a quase tudo.

Confesso que, para mim, ler isso foi um choque que me fez perguntar: será que meu "não" magoará as pessoas? Como sabe, vendedor não gosta de dizer não.

Logo percebi que o mau uso do meu tempo poderia resultar na perda de diversas oportunidades.

Então, passei a compreender que deveria proteger de qualquer solicitação que não contribuísse para as minhas prioridades de curto, médio e longo prazo, o meu ativo mais valioso: o tempo!

Você pode estar se perguntando: "Então, tudo é interesse?" Em minha opinião, todas as relações humanas são de interesse. Quer de afeto, dinheiro, tempo, amor, atenção, carinho, negócios, relacionamentos, etc. Em vendas então, nem me fale!

Uma forma de praticar o "não" é potencializar seus pontos fortes e focar em suas paixões.

Como parte de uma pesquisa sobre a produtividade, uma equipe de Harvard pediu aos funcionários para analisarem as tarefas que eles realizavam, com base em três perguntas:

A tarefa pode ser abandonada completamente, por seu caráter desnecessário?

Há possibilidade de delegar a tarefa a um subordinado competente?

Se os subordinados tivessem de executar a tarefa, poderiam analisá-la para criarem uma solução mais eficiente?

Se você seguir essas três perguntas e respondê-las, poderá poupar até seis horas de trabalho de escritório e duas horas de reuniões por semana.

A terceirização de tarefas mais fáceis libera seu tempo e energia mental para que você possa se concentrar nos objetivos importantes e projetos de alto retorno. Alguns autores aconselham a delegar, pelo menos, 15% das tarefas. Sei que um vendedor de alta performance deve fazer isto.

9. SAIBA QUE PRODUZIR RESULTADOS MELHORES EM VENDAS TEM A VER APENAS COM A SUA CAPACIDADE, DE MODO QUE NINGUÉM PODE FAZER POR VOCÊ.

O Princípio de Pareto estabelece que 20% do trabalho gera 80% dos resultados. Vendedores de alta performance aplicam esse princípio para identificarem as maneiras mais eficientes de usarem as suas habilidades excepcionais ou completarem tarefas importantes.

Você pode traçar uma linha no meio de uma folha A4 e relacionar os 20% das suas atividades que proporcionarão os 80% da recompensa de seus esforços. Creio que a gente gasta muito tempo com supérfluos.

Manter o nível de energia máximo e trabalhar intensamente em períodos curtos contribui para a produtividade. A capacidade do cérebro para processar os dados eficientemente varia ao longo do dia, caindo da energia máxima para a neurastenia, que é um tipo de fadiga extrema que ocorre a cada 90 minutos, aproximadamente.

As pausas para beber água, comer lanches nutritivos e fazer exercícios rejuvenescem a mente e aumentam a produtividade. Assim, coloque em sua agenda um tempo de pausa e tempos para restaurar a energia.

Se você é um vendedor que viaja muito, arrume tempo, urgente.

Tenha uma alimentação saudável, também descanso e lazer para aumentar sua resistência física e o foco mental. Verá que sua produtividade vai melhorar e sua qualidade de vida, por sua vez, também. Não arrume desculpas de falta de tempo para comer coxinha e refrigerante.

Pessoas de alta performance aumentam a sua energia e foco para tirarem proveito de cada minuto. Afinal, como eu disse, temos 1.440 minutos de vida por dia!

10. MUDE VOCÊ E NÃO PERCA TEMPO TENTANDO MUDAR OS OUTROS!

Vendedores de alta performance buscam se conhecer mais a cada dia: suas limitações e seus pontos fortes. Assim, sabem quais são as crenças que os limitam. A partir desse conhecimento, começam a investir tempo, energia e dinheiro no que é bom.

Evitam gastar tempo em cursos ou conhecimentos inúteis, que nada tenham a ver com seus pontos fortes.

Isso porque sabem que o tempo é seu bem mais precioso e que a cada aniversário que completam, por exemplo, seu tempo se reduz.

Mais uma vez, quando as pessoas me desejam um feliz aniversário e me falam que se foi mais um ano de vida, eu penso: "na verdade, se foi menos um ano de vida". Contudo, não me expresso para não soar como falta de educação.

Quer gerir melhor seu tempo? Então saiba que a ação de gerir melhor o tempo está ligada à mudança de mentalidade: se você não mudar, nada mudará!

Vamos para outras dicas?

O QUE 1
SETE FATORES QUE PODEM AJUDÁ-LO A SE COMUNICAR.

#

COMO 1

1. SABER PERGUNTAR É MELHOR QUE SABER RESPONDER.

Um vendedor atento às necessidades dos clientes é capaz de oferecer as melhores soluções. Portanto, quanto mais informação tiver sobre o cliente, melhor!

2. TER EMPATIA.

Essa é uma arte que o vendedor deve desenvolver, pois a capacidade de se colocar no lugar do cliente gera vantagens na hora da venda.

3. OFERECER CREDIBILIDADE.

Um bom vendedor não deve só oferecer credibilidade, ele deve ser capaz de transmiti-la, e não só por intermédio da companhia que representa, mas por si.

4. OUVIR MAIS E FALAR MENOS.

Quanto mais você desenvolve a capacidade de ouvir, melhor se torna sua interpretação sobre as respostas para as perguntas que faz relacionada ao item 1. Isso faz com que você seja capaz de entender claramente o que seu cliente quer.

5. PASSAR CONFIABILIDADE NA MENSAGEM.

Definir qual a mensagem que você quer deixar para seu cliente ou cliente potencial deve ser feito de modo estratégico e antecipado, para que a mensagem obtenha caráter confiável.

6. PASSAR MENSAGEM COMPATÍVEL COM O RECEPTOR.

Muitos vendedores falam coisas que não deveriam falar para todos os clientes. Alguns têm discurso único, como se fosse um *script*, e isso não é bom. O correto é que você tenha um discurso para cada cliente, o que confere o tom de atendimento personalizado, único.

7. TER ENTUSIASMO.

Essa palavra deve fazer parte do cotidiano de um vendedor de alta performance, pois um indivíduo sem entusiasmo já acorda derrotado.

O QUE 2
UM BOM PROFISSIONAL DE VENDAS TEM QUE TER BOA LÁBIA (SER 171)?

COMO 2

Não, mas deve ter a capacidade de comunicar sua mensagem de forma efetiva.

Muitos profissionais de vendas acreditam que devem ser vendedores, e isso não é uma verdade. O bom profissional de vendas é aquele capaz de desenvolver habilidades e técnicas diferenciadas das técnicas de seus concorrentes.

Falar muito não significa vender muito.

O vencedor de alta performance deve ser capaz de se comunicar com excelência. A boa lábia traz um quê de cafajestice e falta de comprometimento com o cliente até o pós-venda. Ou, melhor: até a próxima venda.

Sim, porque vender pela primeira vez é fácil. O difícil é vender várias vezes para o mesmo cliente.

Crie um bom *pitch* de vendas para você!

O QUE 2 ½
SABE COMO VOCÊ PODE CONSTRUIR SEU
PITCH DE VENDAS DE UM MINUTO?

\#

COMO 2 ½

Nesta parte dois da dica número dois, eu quero ensinar você a criar seu *pitch* de vendas para qualquer coisa (vender você, um produto, um serviço, uma ideia ou projeto). Ou seja, seu argumento de um minuto para vendas.

Um minuto é excelente.

Veja este modelo para lhe dar um como fazer:

20 SEGUNDOS – Apresentação: quem você é como se chama a sua empresa e qual é o conceito geral do seu produto ou serviço. Não entre em detalhes, seja direto.

25 SEGUNDOS – Problema/Solução/Modelo de negócio: explique claramente que dor (problema) você resolve para seus clientes. O objetivo aqui é deixar claro que a dor é suficientemente "forte" para fazer seu cliente pagar por uma solução. Em seguida, explique a solução que o seu produto ou serviço aporta e como vocês ganham dinheiro ou reduzem custos resolvendo este problema.

É um bom momento para citar cifras que confirmem o que foi explicado anteriormente.

15 SEGUNDOS – O que está buscando: para finalizar o discurso, deve dizer o que está buscando. Essa procura pode ser por volume, mix, indicação, etc. Adapte o conteúdo dependendo do comprador.

Abaixo, deixo um exemplo para lhe ajudar:

> Olá! Eu sou o Claudio Zanutim e tenho foco na construção de objetivos e metas atingíveis, pois pesquiso desde 2009 sobre isso. Minha missão é tirar você do estado atual e levar ao estado desejado por meio da definição de metas atingíveis.
>
> Em minhas palestras e treinamentos pelo Brasil, descobri que 86% das pessoas não atingem seus objetivos e metas simplesmente porque não escrevem sobre eles. Creia nisso!
>
> Descobri que 100% das pessoas que escrevem têm resultados positivos, pois seu atingimento é de 67%. Então, criei uma palestra que ajudará você a tirar seus sonhos da "gaveta", transformá-los em realidade. Lembre-se: o que não se mede não se gerencia!
>
> É uma palestra para pessoas como você e eu, que buscam melhoria de performance tanto pessoal quanto profissional, e, assim, crescer.

O QUE 3

MARKETING TEM TUDO A VER COM VENDAS, ATÉ PORQUE UMA DAS TAREFAS PRINCIPAIS DO MARKETING É TORNAR A VENDA UM SUPÉRFLUO. A ÚNICA COISA QUE NÃO PODEMOS DIZER É QUE MARKETING É VENDA.

COMO 3

Verdade! Muitos profissionais de vendas acreditam que estão fazendo ações de marketing quando, na realidade, estão comprimindo uma das tarefas estratégicas do marketing.

Vale lembrar que o marketing tem função estratégica, não somente operacional, como muitos pensam.

Um vendedor de alta performance deve conhecer estratégias de marketing e compreender como e por que razões são feitas determinadas ações, para que ele se sinta parte de uma estratégia e do todo.

> **Vendedor bom é aquele que participa dos processos, cuida de seus clientes e se preocupa com a lucratividade da empresa.**

Hoje as empresas estão atrás desse indivíduo. Portanto, se você quer ser um vendedor diferente, compreenda todo o processo de sua empresa e entenda que você é parte do todo que deve funcionar o mais próximo possível da perfeição.

Fique certo de que o cliente percebe isso rapidamente, o que facilita o trabalho do vendedor e gera fidelidade.

O QUE 4
QUER QUE SUA EQUIPE DE VENDAS CONSIGA VENDER MAIS? ENTÃO A AJUDE A CRESCER INTELECTUAL, EMOCIONAL, FÍSICA E ESPIRITUALMENTE: VALORIZE-A!

#

COMO 4

Gerir pessoas sempre é mais complexo do que gerir processos e produtos.

Se você quer que sua equipe de vendas seja vitoriosa e composta por gente que sabe ser gente quando tem que ser gente, aprenda a valorizá-la!

Dar condições de crescimento intelectual é incentivar o vendedor a tornar-se melhor a cada dia, proporcionando a ele cursos e treinamentos, palestras e estudos.

Uma equipe que tem estabilidade emocional e trabalha em um ambiente onde é reconhecida individualmente e como o todo, sente que faz parte de uma missão e tem uma remuneração digna, é capaz de vender mais e melhor.

Uma equipe que dispõe de condições físicas melhores é capaz de entregar mais e com maior satisfação, de modo a proporcionar um ambiente onde os vendedores podem se exercitar e são instigados para isto.

Esse é um ambiente muito mais saudável! É melhor gastar um pouquinho investindo em saúde mental e física do que perder muito dinheiro com uma equipe doente mental e fisicamente!

Francisco Gomes de Matos tem duas frases que gosto. A primeira é:

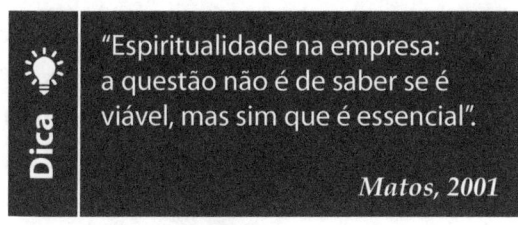

> **Dica:** "Espiritualidade na empresa: a questão não é de saber se é viável, mas sim que é essencial".
>
> *Matos, 2001*

Fonte: Matos (2001).

A segunda: **"Espiritualizar o trabalho significa transformar o 'grande' em 'grandeza'"**.

Dar espaço para que o time de vendas reflita sobre a vida e sobre suas condutas proporciona um local de trabalho mais acolhedor. E isso, por sua vez, dá suporte para bater metas mais desafiadoras.

O QUE 5

PERSISTÊNCIA, AUTOMOTIVAÇÃO E PACIÊNCIA SÃO TRÊS CARACTERÍSTICAS IMPRESCINDÍVEIS PARA QUEM TRABALHA COM VENDAS.

COMO 5

O vendedor de alta performance é um indivíduo que deve cuidar do corpo, da alma e da mente.

Se você é o tipo de vendedor que fica "pulando de galho em galho" atrás do emprego perfeito, está equivocado!

Persistir em um projeto, produto ou serviço no qual você acredita, além de lhe trazer satisfação pessoal, lhe traz retornos financeiros. O sucesso só vem antes do trabalho no dicionário!

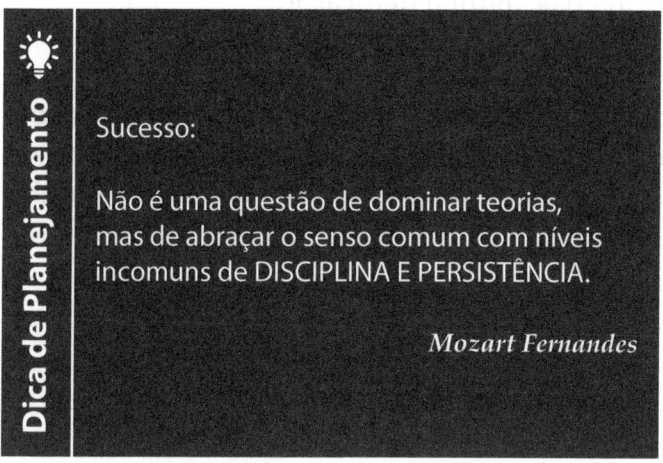

> **Dica de Planejamento**
>
> Sucesso:
>
> Não é uma questão de dominar teorias, mas de abraçar o senso comum com níveis incomuns de DISCIPLINA E PERSISTÊNCIA.
>
> *Mozart Fernandes*

Fonte: Fernandes (2014).

A motivação é algo intrínseco do ser humano e variante: alguns indivíduos são mais motivados que outros. Entretanto, motivar-se é questão de prática. Assim, você pode e deve buscar a motivação, a alegria diante do que tem e festejar pequenas e grandes conquistas.

Um vendedor desmotivado nunca será um vendedor de alta performance.

A paciência é uma virtude, ou seja, é uma qualidade moral particular.

Nem todos são providos de paciência, mas há como praticá-la, pois a paciência é controle, basicamente.

> "Pode aprender muitas coisas com as crianças. O nível da sua paciência, por exemplo." (Franklin P. Jones).

Felizmente, a paciência pode ser cultivada com o tempo – é um hábito que, tal como qualquer outro, pode ser desenvolvido. Para tanto, requer apenas alguma dedicação.

> "Eu sei o preço do sucesso: dedicação, trabalho duro e uma incessante devoção às coisas que vocês querem ver acontecer." (Frank Lloyd Wright)

O QUE 6

PARA VENDER MAIS, PRIMEIRAMENTE É NECESSÁRIO CONHECER O POTENCIAL DO MERCADO E DA EMPRESA. CASO CONTRÁRIO, HÁ GRANDES CHANCES DE ERRAR E VENDER MENOS.

COMO 6

Uma dica que posso deixar tanto para os gestores como para os vendedores que desejam se tornar vendedores de alta performance é essa: fazer uma análise do macro e do microambiente onde está inserida a empresa e o produto/serviço por ela oferecidos.

Na análise macroambiental você pode levantar dados sobre o avanço tecnológico, a demografia, economia, as questões político-legais, socioculturais e os impactos do ambiente natural.

Na análise microambiental você deve ser capaz de levantar dados sobre os concorrentes, os fornecedores, os clientes, os sindicatos, as instituições financeiras, etc.

Na análise do ambiente interno, que é a própria organização, você deve levantar dados sobre os vários aspectos internos da organização e de seus departamentos.

Essa não é uma tarefa fácil e rápida, entretanto, se você tiver pleno conhecimento do ambiente de negócios, certamente se tornará mais assertivo e terá grandes chances de vender mais e melhor.

O QUE 7

SUGIRO QUE VOCÊ EVITE DAR RESPOSTAS COMO "SIM" E "NÃO" AO ATENDER UM CLIENTE POTENCIAL; PERGUNTAS DE CLIENTES POTENCIAIS QUASE SEMPRE SÃO SINAIS DE COMPRA.

COMO 7

> **Dica:** "A maioria das vendas é feita depois do sétimo NÃO".

Fonte: Gitomer (2005).

Dois objetivos devem ser considerados centrais para quem deseja se tornar um vendedor de alta performance: o primeiro é tornar seu o controle da apresentação, mesmo que esteja em território "inimigo"; o segundo é ter o controle do fechamento, no momento certo, da venda.

Respostas exatas e fechadas, como "sim" e "não", podem acarretar problemas na hora de fechar uma venda. Você deve ser capaz de aproveitar as perguntas de seu cliente potencial para respondê-las com perguntas inteligentes e que direcionem ao fechamento produtivo da venda.

Ter a capacidade de reconhecer o primeiro sinal de compra de seu cliente é parte de um processo de vendas, assim como formular perguntas inteligentes para receber respostas coerentes, o que é muito mais difícil, pois exigem de você criatividade e prática.

Respostas com gentileza e graça são as marcas registradas do vendedor de alta performance.

Vendedor de alta performance que não as pratica, não alcança a vitória em vendas.

Existe um portfólio grande de tipos de perguntas, mas as que mais considero importantes ficar no radar dos vendedores e as quais creio que eles devam concentrar esforços e construir seu repertório são as perguntas:

- Fechadas;
- Abertas;
- Diretas;
- Manipuladoras;
- Influenciadoras;
- Situacionais;
- Problemas;
- Implicações;
- Necessidade de solução;
- De impacto;
- De reflexão.

O QUE 8

TRÊS CONSEQUÊNCIAS BÁSICAS E PRÁTICAS SURGIRAM COM A GLOBALIZAÇÃO DOS MERCADOS: GRANDE INCERTEZA, INTENSA COMPETIÇÃO E GRANDES OPORTUNIDADES.

\#

COMO 8

A globalização se caracteriza pela expansão dos fluxos de informações que atingem todos os países, afetando empresas, indivíduos e movimentos sociais pela aceleração das transações econômicas, o que envolve mercadorias e capitais.

A incerteza no ambiente de negócios é, de fato, inevitável, porém, se o vendedor conhece o seu ambiente de negócios e está focado na busca por resultados, ele é capaz de driblar boa parte da incerteza, provando para seus clientes que o que ele vende é valor, não produtos e serviços.

A concorrência é importante para os negócios. Chego a dizer que, quanto mais concorrência, melhor, pois isso faz com que o vendedor de alta performance busque alternativas melhores para seus clientes, proporcionando um atendimento diferenciado e uma aliança estratégica com eles.

Assim, quanto mais conhecer o ambiente de negócios, seus concorrentes e o seu produto, melhor ele será e mais capacitado para aproveitar as grandes oportunidades que surgem e surgirão com a chamada globalização.

O QUE 9

REALIZAR COM PAIXÃO O QUE GOSTA FAZ COM QUE VOCÊ NÃO MEÇA DIAS OU HORAS NA EXECUÇÃO DE SEU TRABALHO. ISTO SE CHAMA, ENTUSIASMO!

COMO 9

> **Dica:** "A ideia de trabalho como castigo precisa ser substituída pelo conceito de realizar uma obra".

Fonte: Cortella (2012).

Não podemos aceitar um vendedor de alta performance que está vendedor; o vendedor de alta performance é aquele profissional que **É** vendedor!

É o vendedor que busca se atualizar continuamente, que atende seu cliente com elegância e deseja a satisfação completa de seu cliente e de seus potenciais clientes.

Certamente, você não é um vendedor se reclama do cliente exigente, tratando-o como um chato; se faz o mesmo em relação à agenda, à vida, à profissão, ao chefe, aos produtos... enfim, se só reclama, reclama e reclama!

Isso porque o verdadeiro vendedor busca vencer os desafios diários da profissão e alça desafios futuros na busca da melhoria contínua para seu crescimento profissional, humano e espiritual; trata seu trabalho como uma dádiva e entende que, a cada dia, está em processo de construção, preocupando-se com que legado deixará.

O QUE 10

SE VOCÊ RECEBESSE MADEIRA, PREGOS E MARTELO, O QUE VOCÊ FARIA? CONSTRUIRIA UMA ESCADA, OU OBSTÁCULOS PARA TROPEÇAR E CAIR? A ESCOLHA DE COMO AGIR DIANTE DOS SEUS RECURSOS SEMPRE ESTÁ EM SUAS MÃOS.

COMO 10

O vendedor de alta *performance* não se esconde em seu mundo, enclausurado intelectualmente. Ele é um profissional diferenciado, que busca entender que os recursos disponíveis são escassos e podem tornar-se raros, dependendo do setor de atuação. Um bom vendedor administra sete recursos essenciais: recurso humano, financeiro, equipamentos e máquinas, infraestrutura, matérias-primas, tempo e informação.

Saber lidar com as pessoas e valorizá-las é um desafio para o bom vendedor.

Conhecer e administrar todos esses recursos se faz necessário para o bom vendedor, pois ele depende disso para bater suas metas e, consequentemente, alavancar suas vendas.

O desconhecimento desses recursos pode acarretar problemas de atendimento padronizado e personalizado para seus clientes, gerando desconforto e até o rompimento de contatos significativos. Obviamente, isso reduzirá suas comissões.

Portanto, tome cuidado!

O QUE 11
SÃO DUAS COISAS IMPORTANTES PARA SER UM VENCEDOR EM VENDAS: EDUCAÇÃO, (O QUE VOCÊ ADQUIRE AO LONGO DA VIDA) E PAIXÃO, QUE É O ENTUSIASMO PELO QUE FAZ.

#

COMO 11

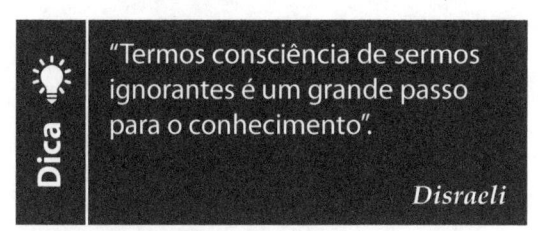

> **Dica:** "Termos consciência de sermos ignorantes é um grande passo para o conhecimento".
>
> *Disraeli*

Fonte: Disraeli (ANO).

Muitas pessoas me perguntam o que eu penso a respeito da educação e eu sempre respondo prontamente, com uma frase que escrevi sobre coisas que aprendi: Educação é a capacidade de desenvolver a humildade continuamente, entendendo que sou um indivíduo em construção e que preciso aprender a aprender a cada dia para me tornar uma pessoa cada vez mais ensinável.

Um vendedor arrogante não pode ser ensinado. Da mesma forma, um homem que diz que já sabe tudo apenas tem conhecimento, não sabedoria.

Acredito que existem duas maneiras de buscar a Educação: no âmbito formal, o qual é representado pelas escolas e universidades, e o âmbito familiar, representado pela criação com transmissão de valores de pais para filhos.

Paixão pelo que faz é muito mais do que a busca pelo sucesso financeiro: grandes homens são movidos pelo entusiasmo de deixarem um legado, algo bom para as gerações futuras.

Reconhecer as pessoas e seus talentos, colocá-las em sua vida e remunerá-las com justiça faz de você um apaixonado, um ótimo líder.

O QUE 12

ALGUNS PROFISSIONAIS DE VENDAS PERDEM GRANDES OPORTUNIDADES POR VIVEREM FOCADOS EM OBSTÁCULOS E NÃO EM OPORTUNIDADES. ESSES PROFISSIONAIS TÊM SÍNDROME DE HARDY. "OH, CÉUS! OH, VIDA! OH, AZAR!"

COMO 12

No desenho em questão, um clássico de Hanna & Barbera, o personagem Hardy nunca acredita que os seus planos possam dar certo. O foco no desânimo faz com que ele não consiga enxergar as oportunidades que estão diante de si.

Infelizmente, temos vendedores com essas características, e o que é pior: gerentes e supervisores com tais características.

O profissional de vendas, além de ser um apaixonado e um entusiasta, deve desenvolver a capacidade de analisar o ambiente e perceber as oportunidades diante de si.

Deve ter visão de futuro e construir suas metas e objetivos de forma sustentável e alcançável. Os obstáculos sempre existem, mas é você quem mede a altura desses obstáculos.

Desenvolver a capacidade de superar obstáculos com entusiasmo e persistência não significa ser irresponsável com você ou com os outros. Mas a capacidade de encarar a vida positivamente.

O QUE 13

ENCANTAR UM CLIENTE É MUITO MAIS QUE ATENDÊ-LO COM EXCELÊNCIA: É FAZER ENTREGA COM VALOR E RESPEITÁ-LO EM SUA SINGULARIDADE.

COMO 13

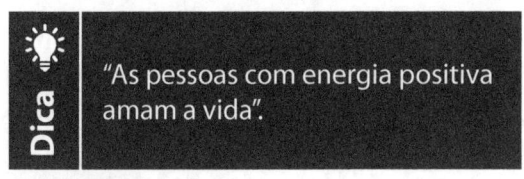

> **Dica:** "As pessoas com energia positiva amam a vida".

Fonte: Welch (2005).

O maior responsável pela manutenção dos empregos é um indivíduo chamado cliente.

Sam Walton disse, certa vez, que "só existe um chefe: o cliente, e que ele pode demitir todas as pessoas da empresa, do presidente ao faxineiro, simplesmente levando seu dinheiro para gastar em outro lugar". Se você quer que seu cliente fique encantado com seu atendimento, trate-o, de fato e de direito, como único.

Clientes costumam apresentar um padrão de escolha que tende a buscar maior benefício pelo menor custo possível. Porém, o vendedor de alta performance se atenta ao fato de esses clientes se apoiarem, frequentemente, como uma tendência, em fatores cognitivos, motivacionais e emocionais, além de se apoiarem na racionalidade econômica.

Portanto, o sucesso de qualquer atendimento reside na satisfação plena do cliente ao ser atendido em suas necessidades e desejos.

E a superação da percepção de preço pela percepção de valor é de responsabilidade do vendedor.

O QUE 14

AS PREOCUPAÇÕES PRIMORDIAIS DE QUEM VENDE ALGO DEVEM SER A ATENÇÃO, A AMABILIDADE, A DISPONIBILIDADE E O ESCLARECIMENTO.

#

COMO 14

Um bom profissional de vendas deve ser uma pessoa preocupada, sim, mas preocupada com seu crescimento e com sua evolução não só como indivíduo, mas como vendedor.

Ser atencioso não significa ficar de prontidão o tempo todo, junto ao cliente, mas atendê-lo de forma honesta sempre que ele precisar.

Ser agradável não é ser "puxa-saco", mas ser um sujeito bom de papo, capaz de atender a necessidade do cliente de uma maneira que não cause desconfortos a ele.

Estar disponível significa estar com os ouvidos atentos sempre que o cliente precisar, ter uma agenda bem elaborada para que nenhum fique sem atendimento. Estar disponível não significa rodar pela rua com a luz de táxi acesa, mas andar ocupado e preocupado com seus clientes e *prospects*.

Ser esclarecedor requer que você tenha capacidade de conhecer a fundo os produtos ou serviços que você vende, conhecer o mercado e a concorrência para poder esclarecer as dúvidas de seus clientes com profundidade, honestidade e conhecimento técnico.

Detalhe importante, se você não educar seu ciente, ele o educará.

O QUE 15
EM VENDAS ORGANIZACIONAIS,
FORNECEDOR BOM
É FORNECEDOR "MORTO".
OU SEJA: QUANTO MENOS TRABALHO
DER PARA O COMPRADOR, MELHOR!

#

COMO 15

Parece meio pesado o termo, não é mesmo?
A realidade é que bons compradores organizacionais estão atrás de fornecedores que não oferecem trabalhos extras além dos esperados.

Um vendedor do mercado B2B (mercados organizacionais nos quais as vendas são efetuadas de empresas para empresas) deve desenvolver habilidades um pouco diferentes das habilidades de um vendedor do varejo, por exemplo.

Um profissional de vendas preparado para o mercado B2B deve ser capaz de entender que seus clientes têm níveis de exigências mais complexos e um processo de compras, o que implica um conhecimento mais técnico sobre os produtos que oferece.

Para um comprador B2B, o bom fornecedor é aquele que se antecipa aos prováveis problemas, toma decisões muito bem calculadas e não leva retrabalhos para ele.

Agindo assim, você será capaz de vender mais e por mais tempo, e passar despercebido diante do comprador.

O que você deve fazer é aparecer sempre para ver como estão as coisas e tomar um café com o comprador, de modo a não dar "brecha" para a concorrência, manter um bom relacionamento e ser um agregador de valor, focando em redução de custos, melhoria operacional e geração de valor.

O QUE 16

AO OFERTAR UM PRODUTO,
É PRECISO TER CLAREZA E HONESTIDADE.
TODO CONSUMIDOR DEVE SABER
A NATUREZA EXATA DA OFERTA;
ISSO TRAZ CREDIBILIDADE!

#

COMO 16

Durante anos de carreira vi muitos vendedores de setores diferentes contarem inverdades sobre o produto ou serviço ofertado, não só pela vontade de vender apenas uma vez, mas por má intenção.

Se você quer se tornar um vendedor de alta performance, precisa entender uma regra básica: não basta vender a primeira ou a única vez, tem que desenvolver capacidades e técnicas para vender a segunda e muitas outras vezes para o mesmo cliente!

Ser honesto não significa dizer que o seu produto é o melhor do mercado, mas sim dizer os atributos de seu produto com clareza para fazer o cliente entender sobre ele e como ele poderá resolver o problema do cliente. Isso gera valor. É falar sobre benefícios.

Um cliente que recebe informações sobre a procedência do produto comprado se sente muito bem atendido e a possibilidade de retorno para novas compras aumenta potencialmente.

Credibilidade se conquista e toda conquista requer tempo, honestidade e sinceridade.

Vender mais e bem vai depender do desenvolvimento de seu caráter e da certeza de que você está buscando ser honesto com seu cliente consumidor, com a empresa na qual trabalha e com você mesmo.

O QUE 17

O GESTOR COMERCIAL PODE ORGANIZAR A FORÇA DE VENDAS POR REGIÃO, POR PRODUTO OU POR CLIENTE. PODE TAMBÉM COMBINAR AS FORMAS, O QUE DEPENDE DA ESTRATÉGIA A SER ADOTADA.

COMO 17

Planejar é um ato de respeito para com as pessoas ou colaboradores que dependem de você para atingirem seus objetivos e metas.

Há muitos gestores e vendedores que vão direto para o "fazejamento" e a "planejação".

Um gerente de vendas despreparado, que não leva em conta fatores externos e internos para segmentar sua equipe de vendas, está fadado ao fracasso ou a humilhação pública.

Saber organizar sua força de vendas de forma eficiente faz com que sua equipe seja capaz de direcionar forças para realizar um objetivo.

Um gerente de vendas deve conhecer todo o setor de atuação da empresa, as capacidades de seus vendedores e potencial de seus produtos para direcionar de forma objetiva a equipe para o campo. De posse desses conhecimentos, se torna mais fácil para o gerente de vendas trabalhar na organização da equipe de vendas não só em uma área ou setor, mas também para compreender se há necessidade de utilizar um modelo híbrido para a organização.

De fato, quanto melhor é feito esse trabalho, mais fácil é atender os clientes com efetividade, atingindo, assim, as metas, e alcançando objetivos de vendas.

O QUE 18

TERRITÓRIOS MUITO AMPLOS COM CLIENTES PULVERIZADOS AUMENTAM O CUSTO DE VISITA E DE DESLOCAMENTO. O GERENTE DEVE SE ATENTAR A ESSE FATO, POIS OS CUSTOS PODEM SAIR DO CONTROLE, REDUZINDO, ASSIM, AS MARGENS DE LUCRO.

COMO 18

Gestão, além de ensinável, deve ser praticada.
Um bom gerente de vendas desenvolve suas habilidades, pois busca constantemente o aprendizado. Ele deve ser capaz de ouvir mais do que falar para compreender o mercado e sua equipe.

Não poucas vezes, observo gerentes entregando grandes áreas para um único vendedor. Isso pode representar duas condições:

   a. A empresa não tem condições de contratar mais vendedores, seja pela questão do custo ou da incompetência.

   b. A área é muito grande porque tem poucos clientes na região, o que justifica a presença de apenas um vendedor.

Quando falo que o gerente deve se atentar para esse fato, quero dizer que ele deve ter condições e clareza para compreender as necessidades da empresa, da região, dos vendedores e dos clientes.

Gestão de custo é algo muito sério e importante, contudo, deve-se tomar cuidado para não cortar custos tão profundamente que não haja cicatrização.

Tanto o corte de custos quanto o aumento de receitas deve ser gerenciado com base nos recursos disponíveis para a empresa seja no ambiente interno ou no ambiente externo.

O QUE 19

SORTE É A CAPACIDADE DE DESENVOLVER HABILIDADES ESPECIAIS E UTILIZÁ-LAS NA HORA CERTA, NO LUGAR CERTO COM A PESSOA CERTA.
UM VENDEDOR DE ALTA PERFORMANCE DEPENDE DA SORTE?

COMO 19

Essa foi a pergunta que uma pessoa dirigiu a mim ao final de uma palestra.

No momento da pergunta, parei, respirei fundo e busquei, em minha memória, algumas informações para construir a resposta. Acredito que esse momento durou cerca de 10 segundos, tempo que pareceu anos, pois gerou grande expectativa no questionador. Em razão desse episódio, pensei na presente dica.

Acredito em sorte, porém, creio que a falta de preparo de um vendedor não o coloca em condições de aproveitar a oportunidade que bate à porta nem o transforma em um vendedor de alta performance.

Portanto, acredito em sorte desde que seja acompanhada por competências necessárias para o exercício da função, como o conhecimento profundo do produto ofertado, o conhecimento do mercado, a habilidade de atendimento, a simpatia, a empatia e os ouvidos atentos para compreender a necessidade do cliente e ofertar o produto certo para ele.

Em minha opinião, a sorte está relacionada a um acontecimento ímpar e só pode ser aproveitada quando existe preparação para abraçá-la. Boa sorte!

Aliás, Boa Sorte é um livro bem interessante para você ler. A boa sorte somos nós quem fazemos!

O QUE 20

VENDEDOR DE ALTO DESEMPENHO, CRIE UM NOME CORPORATIVO QUE TENHA A VER COM VOCÊ E QUE REPRESENTE SUA ESSÊNCIA, POIS ISSO LHE DARÁ UMA MARCA PESSOAL.

COMO 20

Muito se fala sobre o marketing pessoal. Mas, afinal, o que é isso? Trata-se de algumas técnicas de marketing que aprendo na universidade e posso aplicar em minha vida pessoal? Ou são técnicas de vendas voltadas para mim?

Marketing pessoal tem a ver com conhecimento sobre você, sobre sua essência. Se você sabe quem você é, pode fazer com que o melhor de você seja trabalhado, desenvolvido e potencializado.

Só se pode criar uma marca para um produto que exista e que possa ser vendido ao mercado, mesmo que esse produto esteja somente no imaginário. O slogan da GE diz: "Se dá para imaginar, dá para fazer".

Gosto disso, pois significa, inclusive, que você pode se imaginar melhor e se tornar melhor.

Criar uma marca pessoal tem a ver com sua essência e com a necessidade que você atenderá no mercado.

Vou dar como exemplo o meu caso: meu sobrenome final é Moraes, mas ele não gera uma marca forte para o mercado acadêmico ou editorial, bem como não gera marca forte em palestras. Então, decidi utilizar o Zanutim, pois me pareceu um nome mais forte, uma marca única (visto que já existem tantos "Moraes" por aí), que gera credibilidade.

Lembre-se de que seu "nome de guerra" deve remeter à sua imagem (você não é um produto: você é uma exclusividade).

O QUE 21

SER UM VENDEDOR REQUER VOCAÇÃO. A ARTE DE VENDER ESTÁ LIGADA A MUITO TRABALHO, QUALIFICAÇÃO CONSTANTE E DEDICAÇÃO TOTAL.

COMO 21

Certa vez, uma pessoa me abordou, ao término de uma palestra, e me perguntou: "Acho que posso ser uma ótima vendedora, pois meus amigos me dizem que falo bastante. O que você acha?"

Falar demais não é uma qualidade ou passaporte para quem deseja ser um vendedor de alta performance.

A primeira coisa para a qual você deve se atentar é para a vocação ou chamado. Isso é mais ou menos assim: seus amigos reconhecem em você um talento nato para vendas ou para qualquer outra coisa. Isso é vocação.

Fora isso, como toda profissão, vender é uma das mais belas profissões do mundo, ser vendedor exige muita dedicação, estudo e trabalho.

Como toda arte, depende 90% de transpiração e 10% de criação.

Buscar qualificar-se é um imperativo para quem deseja ser um vendedor de alta performance. Até mesmo ler todas essas dicas lhe ajudará a se tornar um vendedor melhor e mais qualificado.

Portanto, se você deseja alcançar o sucesso em vendas, saiba que é uma caminhada de dedicação, esforço, suor e muita alegria.

Tenho certeza que agindo assim a sorte aparecerá para você.

O QUE 22
QUANDO ALGUÉM PERGUNTA SE VOCÊ
É UM VENDEDOR, O QUE VOCÊ RESPONDE?
VOCÊ É OU ESTÁ VENDEDOR?

COMO 22

Essa é uma pergunta simples, mas, infelizmente, muita gente não sabe respondê-la. Vou dar-lhe algumas pistas para respondê-la, quando alguém lhe perguntar isto:

Se **você está** vendedor, tudo que lhe motiva a levantar-se da cama cedo e atender seus clientes está relacionado ao dinheiro.

Se **você é** vendedor, tudo que lhe motiva a sair da cama cedo e atender seus clientes são a plena satisfação na satisfação do cliente e a vontade de gerar valor.

Se **você está** vendedor, não vê a hora de chegar à sua casa e descansar.

Se **você é** vendedor, não vê a hora de chegar à sua casa e pensar na programação de sua agenda para os dias seguintes.

Se **você está** vendedor, o seu cliente é chato.

Se **você é** vendedor, seu cliente é exigente.

Se **você está** vendedor, seu gerente cobra demais.

Se **você é** vendedor, seu gerente é um forte aliado para que você faça bom atendimento e cumpra suas metas.

Se **você está** vendedor, só pensa no salário fixo e na ajuda de custo.

Se **você é** vendedor, considera que a ajuda é só ajuda, pois quem faz o salário é você.

Se **você está** vendedor, não se preocupa tanto com a comissão.

Se **você é** vendedor, a comissão é seu combustível propulsor em vendas.

Se **você está** vendedor, não se preocupa com o negócio de seu cliente.

Se **você é** vendedor, a sua preocupação com o negócio do cliente é prioridade, pois sabe que, quanto mais ajudar seu cliente a vender seus produtos, mais negócios ele fará com você.

O QUE 23

PARA VENDER MAIS, NÃO BASTA A VONTADE DE VENDER: TEM QUE CONHECER A CAPACIDADE E O POTENCIAL DA EMPRESA, DO MERCADO E DO CLIENTE. UM VENDEDOR DE ALTA PERFORMANCE DEVE SER CAPAZ DE ANALISAR E AVALIAR AMBIENTES. O QUE É ISSO?

#

COMO 23

Você deve conhecer profundamente a sua empresa e o portfólio de produtos que estão à disposição para a oferta ao mercado. Além do mais, deve conhecer o potencial interno da empresa com todos os seus recursos, tais como logística, estoque, capacidade produtiva, crédito, caixa, entre outros.

Deve ser capaz, também, de avaliar as condições de mercado, avaliar qual tipo de mercado a empresa atua e como estão os concorrentes, os pares e o setor; deve saber, ainda, quais são as oscilações do mercado previstas para os próximos meses, independentemente das informações passadas pelo gerente de vendas, pois o vendedor de alta performance é um inconformado nato!

Por fim, deve conhecer o negócio do cliente com profundidade: saber como está o seu crédito na praça (não por meio de fofocas, algo terrível, antiético), além de saber como está o faturamento dele em relação aos produtos e/ou serviços que você oferta. Costumo dizer que trabalhar dá um trabalho danado.

O QUE 24

ARGUMENTAR, EM VENDAS, É COMO DIRIGIR UM AUTOMÓVEL DIANTE DE GRANDE CONGESTIONAMENTO E SABER QUE HÁ UM CAMINHO MELHOR, OUTRA SAÍDA. UMA COISA É FATO: SÓ SE SABE ARGUMENTAR BEM SOBRE O QUE SE CONHECE BEM.

COMO 24

Para que você se torne um vendedor de ponta em argumentações, deve desenvolver habilidades de negociação.

Você sabia que uma boa negociação tem quatro fases básicas?

Preparar é a primeira delas, na qual você deve levantar todos os fatos e avaliar a posição de ambos os lados.

Discutir é a segunda na qual são apresentadas as posições iniciais das partes, de modo que sinais subjetivos são enviados por ambas as partes.

Após discutir, chega o momento de **propor**. Quanto melhor se preparar nas fases acima, melhor se tornará sua capacidade de propor. Essa é a fase de reduzir a distância entre sua proposta e a do cliente.

Por fim, tem-se a fase da **barganha**, na qual você pode utilizar a fórmula que chamamos de *se e então*. A barganha deve consistir no modelo de: se eu abrir mão de tal coisa, então você poderá fazer tal coisa. Ou seja, se você me der algo que eu quero, então lhe darei algo que você queira.

Fique atento à quantidade de caminhos que você pode seguir e capacite-se para escolher sempre o melhor. Quanto mais você conhecer a cidade na qual anda, mais alternativa de caminho terá.

Negociar é a arte da observação, percepção, influência e persuasão.

O QUE 25

O VENDEDOR DE ALTA PERFORMANCE VENDE O QUE O CLIENTE QUER, PRECISA E ENTENDE, NÃO SOMENTE O QUE TEM A OFERECER. ASSIM, ELE É CAPAZ DE PROVER SOLUÇÕES.

COMO 25

Essa é uma dica da qual gosto muito, pois tem a ver com a qualidade de um vendedor e com seu entendimento de mercado, cliente e atendimento.
Compreender o cliente exige uma dose de conhecimentos acumulados.

Assim, o vendedor deve ser meio psicólogo, artista, marqueteiro, sofisticado e, ao mesmo tempo, simples. Mas, independentemente de tudo, uma qualidade deve sempre transparecer: a humildade.

Quanto mais você sabe ouvir seu cliente e entender as necessidades dele, maior é a sua capacidade de atendê-lo bem.

A capacidade de prover soluções nasce do conhecimento profundo do cliente, de sua necessidade e do portfólio de produtos e serviços que sua empresa oferece.

Quanto mais você oferecer soluções para seu cliente, mais fidelizado ele ficará. Nenhum cliente gosta de ser enganado ou passado para trás, o que justifica a importância da ética na questão da fidelização.

Não tente ganhar tudo de uma vez, pois a vontade de ganhar faz com que se perca o medo de perder.

Só não se esqueça de que uma falha grave pode acabar com o casamento, caso ele não tenha capacidade de perdoar.

O QUE 26

ACREDITE: SE VOCÊ PRATICAR O *FOLLOW-UP*, ENTENDER E PRATICAR SUAS HABILIDADES FECHARÁ SUAS VENDAS EM 80%!

COMO 26

Eu convivo com muitos vendedores de setores e indústrias distintos e muitos deles se esquecem de acompanhar ou não têm a disciplina para acompanharem o pós-venda ou gerenciarem as carteiras de clientes de forma efetiva.

Além do mais, já presenciei, no convívio com eles, que muitos não retornam as ligações ou e-mails enviados por seus *prospects*, para saberem como andam os processos de orçamentações, por exemplo.

Sei dizer que o *follow-up* disciplinado traz bons resultados para você, que é um bom vendedor!

Então, crie sua forma de acompanhamento, caso a empresa não ofereça a você um sistema, pois a disciplina do acompanhamento, apesar de dar trabalho, é recompensadora!

O QUE 27

NÃO BASTA SER UM REPRESENTANTE DE VENDAS, ALGUÉM QUE CONHEÇA O PRODUTO E QUE FALE A VERDADE: VOCÊ PRECISA TER HABILIDADES EM VENDAS. CAPACITE-SE!

COMO 27

Essa dica é para aqueles que estão solitários em vendas, os representantes comerciais que tomam conta sozinhos de seus negócios.
Muitos com os quais convivi não enxergavam a necessidade de atualização como importante para seu negócio.

Não basta ter clientes: a capacitação é necessária para que, a cada dia, você, vendedor, se desenvolva mais como cidadão e profissional.

Em mercados mais complexos, com compradores cada vez mais preparados, essa necessidade aumenta consideravelmente, pois exige do vendedor o que conhecemos como CHAVES – Capacidades, Habilidades, Atitudes, Valores, Execução e Suporte.

Tenho certeza de que, quanto mais buscar isso, melhor se tornará como profissional.

O QUE 28

A RECLAMAÇÃO É UM PRESENTE.
QUANDO UM CLIENTE RECLAMA E VOCÊ
SABE LIDAR COM A RECLAMAÇÃO,
PODE GERAR MAIS VENDAS.

#

COMO 28

Eu tenho uma palestra com o tema dessa dica.
Todos que trabalham na área comercial deveriam saber que uma reclamação de um cliente é uma chance de melhoria.
Ele reclama porque acredita em nós, em nossa empresa e em nosso produto, dando-nos, assim, uma segunda chance.

Jamais negligencie uma reclamação e nunca deixe que sua equipe, caso seja um gestor, negligencie, também.

Sempre acompanhe as críticas de um cliente e lembre-se: você deve se mostrar preocupado em estabelecer a ação corretiva o mais breve possível.

Independentemente da sua função, seja você garçom ou representante comercial, manifeste ao cliente seu arrependimento, pois isso gera empatia imediata pela humildade de tentar se colocar no lugar do cliente. Assim, jamais tente minimizar o problema dele. Veja só: você pode ter passado várias vezes por tal situação, mas para ele, seu cliente, pode ser a primeira vez.

E, por fim, faça do seu atendimento um grande diferencial competitivo.

Essas pequenas ações diante de alguma reclamação lhe trarão bons resultados, manterão seus clientes e aumentarão suas vendas.

O QUE 29
NÃO SE PODE CONSIDERAR A CONCORRÊNCIA COMO ESTADO DE GUERRA, MAS SIM COMO UMA OPORTUNIDADE DE APRENDIZADO, DE PREPARAÇÃO E DE SE TORNAR MELHOR.

COMO 29

Quantos vendedores você conhece e com quantos você se relaciona?
Nunca fez a lista? Essa é a hora! Pegue papel e caneta e liste os concorrentes mais próximos, os que são diretos.

Após listá-los, descreva os pontos fortes e fracos desses vendedores, de seus produtos e empresas.

Posteriormente, repita o processo em relação a você.

Faça uma análise dos seus pontos fortes e verifique quais deles podem gerar vantagens para você em relação aos seus concorrentes.

Isso lhe trará uma visão mais ampla e certeira para que consiga melhorar sua performance em vendas.

A concorrência existe para ajudar você a se desenvolver. Trate-a com respeito!

O QUE 30

QUALQUER UM PODE VENDER ALGUMA COISA, MAS NÃO É QUALQUER UM QUE TEM COMPETÊNCIAS PARA SATISFAZER AS NECESSIDADES E DESEJOS DE UM CLIENTE.

COMO 30

Gosto de inverter a boa e velha lógica de vendas que "ronda" a cabeça da maioria dos vendedores mal informados e que vivem no "mimimi"!

Eles pensam assim: é preciso conhecer com profundidade meus produtos e serviços, ou seja, as características deles, para depois eu apresentar uma carta de benefícios aos meus clientes, e, por fim, entender o que os motiva a comprar.

Ótimo, não é?

#SQN (Só que não)!

Se você pensar diferente, descobrirá um potencial imenso que alavancará suas vendas.

Entenda, primeiramente, as necessidades e as motivações de compra de seus clientes.

Depois, apresente uma carta de benefícios exclusivos a eles. Por último, e se for necessário, apresente as características de seus produtos, serviços e empresa.

E tenha muito cuidado, pois essa lógica inversa não exime o vendedor de conhecer com muita profundidade seus produtos, serviços, mercado e empresa.

O QUE 31

O DEPARTAMENTO DE VENDAS DEVE SER UM LOCAL AGRADÁVEL E FOCADO DIUTURNAMENTE NAS METAS E NAS SUBMETAS PARA ALCANÇAR O SEU OBJETIVO.

\#

COMO 31

Costumo dizer que o vendedor, você, é responsável por um ambiente de trabalho bem-humorado, mas jamais infantilizado.

Gente bem-humorada é mais espiritualizada, e consequentemente, mais engajada, o que a torna capaz de manter o foco nos desafios e atingir seus objetivos e metas.

Em minha opinião, o departamento de vendas deve ser como uma locomotiva: responsável por "puxar" todos os vagões ao seu destino final.

Agora, se você quem está lendo é um gestor, então será de sua responsabilidade, principalmente, de manter o departamento funcionando a todo vapor.

Quando a equipe ouve, sente, vê e respira vendas, ela bate meta.

O QUE 32

UM VENDEDOR DE ALTA PERFORMANCE É AQUELE QUE "VESTE A CAMISA" DO CLIENTE E DA EMPRESA. TEM EFETIVIDADE, PREOCUPA-SE COM OS CUSTOS, COM LUCROS E TRAZ BONS RESULTADOS.

#

COMO 32

Eu não quero ser Poliana aqui, menos ainda agir como se vivesse no mundo de Bob: sei que vendedor gosta de bater metas, ganhar boas comissões e ter liberdade, mas eu já vi muitos vendedores perderem negócios promissores a médio e longo prazo só por não perceberem o que faziam.

Tinham uma vontade tão grande de ganhar que perdiam o medo de perder!

Não entendiam que vender bem é garantir que o cliente saia satisfeito com o negócio para que a empresa e ele, vendedor, saiam satisfeitos também. Por isso que vender é uma arte: satisfazer tantas necessidades distintas não é uma tarefa fácil.

Mas, se você desenvolver habilidades de negociação pautadas na influência e na persuasão, se tornará mais fácil.

A influência é arte de conduzir pessoas, de forma técnica, para que façam a sua vontade acreditando que satisfizeram a vontade delas.

Não se trata de convencer uma pessoa, mas sim de convertê-la.

O QUE 33

OS MELHORES TÉCNICOS NÃO LEVAM PARA O CAMPEONATO OS MELHORES JOGADORES, MAS SIM OS JOGADORES QUE SE PREPARAM MELHOR.

COMO 33

Quer ser um grande gerente de um time igualmente grande de vendas e vencedor?

Então treine, capacite sua equipe constantemente! Hoje existem muitos mecanismos, técnicas e ferramentas para manter o povo de vendas treinado. Tanto online como off-line.

Você mesmo, com seus supervisores e coordenadores de vendas, pode ensinar por meio de vídeos rápidos e educativos, enviando-os pelo WhatsApp, por exemplo.

Sabia disso?

Por dar certo trabalho, as pessoas não fazem, mas as que fazem têm sucesso considerável na melhoria da performance de seus times.

Além de pequenos vídeos, você e seus pares líderes podem enviar pequenas doses de conhecimento semanalmente para motivarem o time de vendas.

Faça isso e depois me fale se deu ou não deu resultado significativo com aumento de vendas e melhoria do time.

O QUE 34

SABER DEFINIR METAS, EM VENDAS, É ESSENCIAL PARA UM GESTOR COMERCIAL DE ALTO DESEMPENHO.

COMO 34

Pois bem: a primeira ação que deve ser feita antes de se pensar em construir as metas é analisar os recursos disponíveis que podem sustentá-las ou amplificá-las.

Um bom gestor sabe que esse é um fator diferencial para metas serem atingidas.

Devem-se avaliar sete recursos essenciais, a saber: financeiro, humano, matéria-prima, máquina e equipamento, infraestrutura, sistema/informação e tempo.

Então, o que está esperando para começar a avaliar os recursos de sua empresa e os seus? Comece com uma lista simples e evolua para uma complexa. O importante é fazer!

O que não se mede não se gerencia.

Cansei de ver gestores pelo Brasil afora definirem metas utilizando o dedo apontado para o ar para sentir de que lado soprava o vento. Ah! Faça-me o favor!

Certa vez estava em reunião numa gigante do setor químico. Lá para as tantas, um diretor dirigiu-se a mim e disse:

– O diretor financeiro define o *forecast* no chute, sabia Zanutim?

Naquela hora eu parei e respirei fundo. Depois eu disse:

– Não creio nisto.

– Verdade – afirmou ele. – Estes dias pedi para que todos me informassem as metas de vendas para o ano. Sabe o que eles fizeram?

– Não – eu disse.

– Cada um disse que imagina X valor.

Pois bem, no final da conversa ele me disse que iniciaram com 17 milhões de dólares, depois passaram para 34 milhões e por fim acharam que seria muito e "acharam" que seria bom deixar uns 24 milhões.

Contei esta história para você ver que não é fácil desenhar as metas de forma atingível e realista.

Vou lhe dar um como fazer isto agora.

Toda vez que escrever uma meta pergunte para ela:

Você é atingível? Então escreva três evidências de que ela seja.

Você é realista? Então escreva três evidências de que ela seja.

Você, meta, é mensurável? Então escreva três evidências de que ela seja.

Dá um trabalhinho, mas é incrivelmente poderoso.

O QUE 35

A PERSEVERANÇA É CAPAZ DE CONSTRUIR GRANDES VENCEDORES, POIS ELA TRANSFORMA GRANDES BARREIRAS EM PEQUENOS OBSTÁCULOS.

#

COMO 35

Duas coisas que costumo falar sempre sobre vendas: é preciso ter disciplina e diligência constantemente.

Se um atleta de alta performance ou um músico de alta performance são disciplinados em seus treinos e estudos, por que razão você, que quer ser um vendedor de alta performance, acredita que pode pensar e agir diferente deles?

Disciplina, meu caro! Disciplina é a palavra de ordem em vendas.

Acorde cedo e durma tarde, faça acompanhamentos diários, busque o conhecimento incansavelmente, mude seus métodos, mude seu estilo, mude seu jeito: evolua!

Disse o poeta, que preferiria ser uma metamorfose ambulante a ter aquela velha opinião formada sobre tudo!

Então, transforme-se, evolua!

Tem muita gente que está disposta a aceitar a mudança, mas pouquíssimas dispostas a mudar.

O QUE 36
QUER SER UM BOM GESTOR DE VENDAS? ENTÃO TRATE SUA EQUIPE COM DIGNIDADE, COERÊNCIA, ÉTICA, GARRA E EQUIDADE!

COMO 36

Já ouvi e li muito sobre liderança nesta minha carreira (nada esgotado, ainda), mas o que realmente importou para mim e importa até hoje são duas palavras: Inspirar e Ensinar.

Para mim, o verdadeiro líder comercial deve ser um grande inspirador e facilitador do conhecimento.

Mas tome cuidado, pois **Facilitador** é diferente de **Multiplicador**. Você pode até se portar como um multiplicador do conhecimento ao transferir de modo-padrão o que aprendeu sobre um negócio, mas apenas ao se portar como facilitador fará com que sua equipe se torne autossuficiente, que busque o autoconhecimento, e consequentemente, tenha muito mais atitude.

Tais fatores são grandes responsáveis pelo protagonismo individual que transforma equipes medíocres em equipes vencedoras e batedoras de metas.

Inspire constantemente sua equipe, faça com que ela cresça e se desenvolva pessoal e profissionalmente e você terá a satisfação de encontrar grandes líderes lá na frente. E será gente mais capacitada e desenvolvida do que você, afinal, o aluno deve superar o mestre!

O QUE 37
O VENDEDOR DA ATUALIDADE PRECISA ESTAR BEM INFORMADO PARA TER SUCESSO EM VENDAS.

#

COMO 37

São três razões importantes para que o vendedor tenha conhecimento em vendas: aumento da autoconfiança, desenvolvimento da confiança no comprador e construção de relacionamentos.

Autoconfiança, para mim, tem a ver com a vontade de crescer, uma disposição incrível que o vendedor de alta performance desenvolve em busca do crescimento para ajudar outras pessoas e seus clientes a terem sucesso.

Eu creio que a confiança do comprador no vendedor brota de uma convicção incrível que ele tem acerca do conhecimento do produto, do negócio e da solução ofertada.

Essa confiança nasce também da proximidade, da intimidade e tem a capacidade de garantir a melhoria e a manutenção de relacionamentos entre vendedores e compradores, tornando o vínculo mais duradouro.

Um vendedor de alta performance sabe que proximidade gera intimidade e que intimidade aumenta a confiança, o que, por sua vez, mantém e melhora os relacionamentos para a amplificação das vendas.

Portanto, um bom COMO para amplificar isto é focar no network.

Para melhorar o network você tem que saber pedir indicações.

Certa vez estava com uma executiva de vendas que me contava e relatava da incapacidade de sua equipe em vender mais e melhor.

Perguntei a ela como sua equipe fazia network e fomentava relacionamentos duradouros.

Para minha surpresa ela me disse que não tinha e nem fazia ideia de como isto ocorria.

Então eu lhe disse o que vou compartilhar com você agora.

Para fazer um bom network, e detalhe, isto dá trabalho, por isto que se chama – *work* – você deve ter um processo para pedido de indicações.

Ele deve ser da seguinte forma:

- Peça a indicação para uma pessoa que confia em você e saiba de suas competências e conheça sua empresa;
- Depois faça uma triangulação, via e-mail ou WhatsApp, onde fará uma breve apresentação sua, copie quem lhe apresentou e formalize o pedido do encontro;
- Depois tire o indicador das cópias e inicie o contato somente com o indicado por ele.

Um processo supersimples, mas matador.

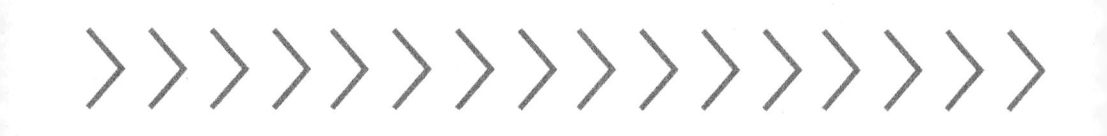

O QUE 38

O SEGREDO DO SUCESSO
NÃO ESTÁ NO BOM TRABALHO:
ESTÁ NA EXCELÊNCIA DOS TRABALHOS.

COMO 38

Muita gente confunde habilidade com sucesso; em minha opinião, são coisas distintas.
Conheço muita gente habilidosa, talentosa e até virtuosa que não chega ao sucesso desejado por falta de garra e esforço.

Por que falo de sucesso desejado? Porque o sucesso é medido de acordo com as convicções de cada indivíduo, de modo que o que é sucesso para você pode não ser para outras pessoas.

O esforço é parte do sucesso. Assim, sem o devido esforço, seus talentos são potenciais não utilizados; sem esforço, suas habilidades podem ser subutilizadas.

Com esforço, é possível tornar as habilidades mais produtivas, visto que o esforço transforma o talento.

Thomas Jefferson, que nasceu em 1743 e faleceu em 1826, foi o terceiro presidente dos EUA.

Teve seu mandato presidencial de 4 de março de 1801 a 4 de março de 1809 e disse uma frase que acho incrível:

"Eu acredito demais na sorte. Eu tenho constatado que, quanto mais duro eu trabalho, mais sorte eu tenho!"

O QUE 39
VENDEDORES DE ALTA PERFORMANCE DEVEM ESTAR DISPOSTOS A MUDAR, POIS A ESTAGNAÇÃO COMPROMETE O DESENVOLVIMENTO PESSOAL.

COMO 39

Quero discorrer sobre essa dica suportada por três palavras: Mudança, Transformação e Evolução.
Mudança é um novo jeito de fazer, ou seja, você pode continuar vendendo o que vende, porém, pode fazê-lo de uma forma diferente.

Transformação é uma forma diferente de ser: ela envolve mudanças de comportamentos e valores em níveis mais profundos. Isto é, você deve começar a vender considerando mudança na forma e nos comportamentos.

A evolução é um estado contínuo de transformação e mudança.

Um vendedor de alta performance tem que fazer ajustes contínuos em valores, comportamentos e crenças.

Adaptabilidade é a palavra de ordem para quem quer evoluir. Além do mais, o que se espera em vendas são sujeitos mais confiáveis e transparentes, que tenham um grande comprometimento com o aprendizado contínuo e com o autodesenvolvimento.

Um vendedor que trabalha com vendas complexas deve estar em constante processo de evolução.

O QUE 40

NÃO ADOTE SEMPRE OS MESMOS PROCESSOS E PROCEDIMENTOS PARA ATENDER CLIENTES DIFERENTES, POIS CADA CLIENTE AGE DE FORMA DIFERENTE E TEM NECESSIDADES E COMPORTAMENTOS DISTINTOS.

#

COMO 40

Há três pontos de atenção sobre os quais quero falar nessa dica.

Primeiro: sempre observe o ambiente, pois as vendas ocorrem em ambientes diferentes e distintos o tempo todo.

Segundo: observe o outro e comunique-se de forma que o outro lhe entenda, visto que os clientes são únicos.

Terceiro: conheça-se, pois, certamente, você está em mudança o tempo todo.

Não se esqueça de considerar que existem forças externas que impactam nas análises e tomadas de decisão.

Ao conhecer esses pontos de atenção, você saberá que as vendas são únicas, de modo que é um equívoco repetir os procedimentos de relacionamento.

Mas tome cuidado, pois não estou falando que você não deve seguir regras, processos e procedimentos de vendas e de sua empresa.

Pelo contrário: quando são muito bem desenhados, apoiam e suportam as vendas maravilhosamente.

Estou dizendo que você não deve repetir comportamentos ruins, aqueles que não geram e não mantêm os relacionamentos com seus clientes.

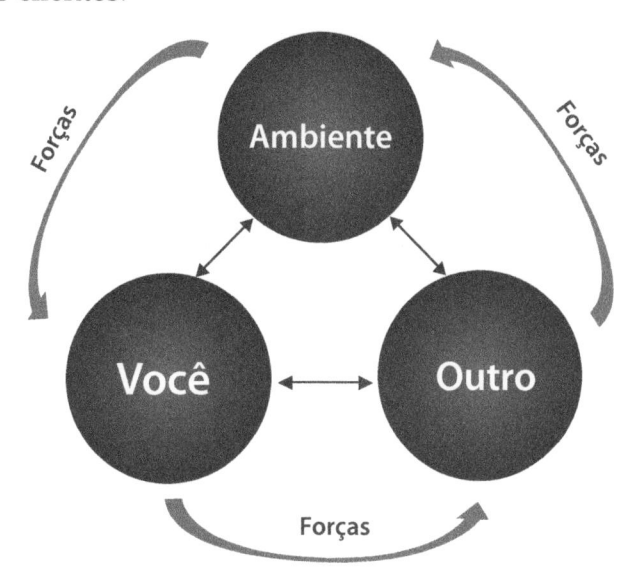

O fato é que, quando o ambiente muda, você muda e o outro também muda. Então, não trate todos os clientes, casos e empresas como iguais.

Você pode fazer um pequeno exercício no final de cada atendimento (seja ele, positivo ou negativo) que poderá melhorar muito sua performance.

Faça anotações com perguntas para você com foco em quatro pontos essenciais e que podem ser colocados em quadrante.

O que eu tenho que parar de fazer?
O que eu devo continuar fazendo, que faço bem?
O que devo iniciar a fazer?
O que devo monitorar em meus atendimentos?

Faça este rápido exercício e verá o poder desta ferramenta de desenvolvimento pessoal.

Em quatro minutos você poderá fazer isto ao final de cada atendimento.

Nunca mais atenda pessoas diferentes da mesma forma.
Nunca utilize um *script*.

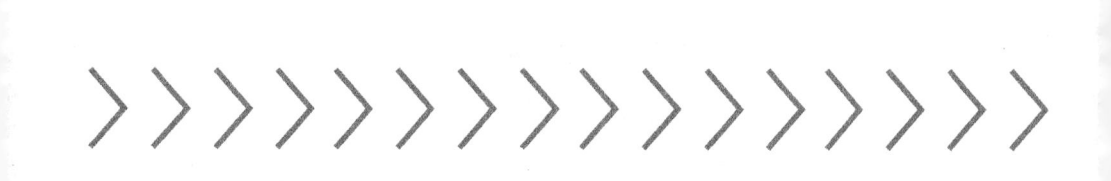

O QUE 41
NÃO DÁ, POR EXEMPLO, PARA ENSINAR UMA CRIANÇA A ANDAR DE BICICLETA EM UMA AULA. ASSIM, A EQUIPE DE VENDAS PRECISA DE MUITA CAPACITAÇÃO E MUITO TEMPO INVESTIDO EM SUAS MELHORIAS.

COMO 41

Você não pode e não deve imaginar ou pensar que dá para ter uma equipe de alta performance sem treino.

O All Blacks, time de rúgbi da Nova Zelândia, é, certamente, o time mais efetivo do qual eu já ouvi falar. James Kerr, em seu livro de 15 lições sobre liderança, baseado na dedicação do time All Blacks, descreve uma série de fatos que comprovam a efetividade.

O que me chamou a atenção falou sobre a quantidade de treinos físicos, táticos e comportamentais que ele pratica incessantemente durante a semana.

Todos investem tempo e dinheiro em seus treinos, pois sabem que isso faz a diferença na hora do jogo.

Digo que, se sua toalha não molhou durante a semana, existe uma possibilidade considerável de o jogo ser ruim no final de semana!

Ora! Se os melhores têm disciplina de trabalho insana, o que lhe faz pensar que para vender não é preciso treinar?

Como treinador de equipes de vendas atuante no Brasil todo e em empresas multinacionais e nacionais, digo que treinar com teatralizações é uma forma muito efetiva de melhorar a performance em vendas.

Portanto, faça teatros de vendas em sua empresa, anote os pontos fortes da equipe e os pontos de melhoria durante as apresentações.

Posteriormente, comente e corrija na hora e você verá que os resultados aparecerão.

O QUE 42

PARA VENDER BEM E MELHOR, PRECISA TER UM SISTEMA QUE FUNCIONE MELHOR DO QUE OS DE SEUS COMPRADORES. TREINAMENTO E QUALIFICAÇÃO CONSTANTES PODEM AJUDAR MUITO NISSO.

COMO 42

Para vender mais e melhor em um mercado B2B, você vai precisar conhecer muito bem seu cliente potencial, visto que os compradores profissionais estão cada vez mais treinados e capacitados.

Quando um comprador encontra um vendedor disposto a solucionar seus problemas, reduzir os custos e melhorar a margem sem derrubar a qualidade mínima, pronto: está feita a fórmula do sucesso em vendas!

Assim, RP + RC + MM + QM = mais vendas.

Contudo, apesar de ser um grande desafio executar essa equação, quero deixar algumas dicas vitais que lhe ajudarão a alcançá-la: RP significa Resolução de Problemas. Para um comprador profissional, é muito importante que o fornecedor seja um fornecedor "morto". Quero dizer que, se o vendedor atende muito bem e cumpre seu papel, o cliente pouco se lembra dele no sentido de causador de problemas.

Por exemplo: imagine-se como um vendedor de parafuso que precisa interromper a produção de um cliente em razão de problemas com seu fornecedor. Esse fornecedor, certamente, não será um fornecedor morto na concepção desse cliente, pois o cliente e a equipe se lembrarão dele a todo o momento e com raiva.

Para ser um solucionador de problemas, você deve estar atentos às necessidades de seus clientes e ouvir muito mais do que falar. Evite, ao máximo, a utilização da palavra "desculpas".

RC significa Reduz Custos. Um vendedor de alta performance tem o foco no foco de seus clientes. Quando o consumidor final percebe valor em sua compra, o preço fica em segundo plano.

Você pode trabalhar para reduzir custos para seus clientes de várias maneiras, e não só em redução e preço. Por exemplo:

Você pode entregar mais rápido do que a concorrência, auxiliando-se com modelos *Just in time*.

Você pode alinhar seu fluxo de cobrança ao fluxo de pagamento do cliente, para que ele trabalhe melhor com o dinheiro.

Você pode ajudar o cliente a ensinar a própria equipe de vendas e clientes a consumirem melhor.

MM é focar na garantia da margem, neste momento é garantir que o lado da empresa onde trabalha está preservado na relação e na negociação.

Por fim o QM, a qualidade mínima esperada pelo cliente comprador, o que é bem diferente de qualidade percebida pelo cliente comprador.

A qualidade mínima garantida é a capacidade de manter funcionalidade, prazos de utilização ou de consumo, etc.

A qualidade percebida só ocorre sobre a ótima percepção do cliente, nunca pelo vendedor, e isto será capaz de gerar valor na venda e distanciar o foco no preço.

O QUE 43

QUER TER UMA EQUIPE MOTIVADA E QUE BATE AS METAS? DÊ SUPORTE, ATENÇÃO E PREOCUPE-SE INDIVIDUALMENTE COM ELA. LEMBRE-SE: UMA PALAVRA DE AFETO MUDA TUDO.

COMO 43

Estou convencido de que um vendedor de alta performance não precisa de motivação, pois é motivado. Ele tem entusiasmo!

Esse tipo de vendedor acorda com uma vontade louca de negociar e vender.

Para mim, existe uma hierarquia motivacional na qual a primeira ordem é o reconhecimento. Sim, se somos reconhecidos por nosso trabalho, principalmente por nossos clientes, ficamos motivados.

O segundo elemento da hierarquia motivacional é o senso de pertencimento. Se for algo grande e desafiador, melhor ainda! Gostamos de fazer parte um time e de um desafio que se alinhem à nossa razão de existir.

O terceiro fator motivador é a "grana": comissões e prêmios interessantes nos motivam muito! Afinal, somos movidos por metas desafiadoras e por uma vontade louca de vencer!

Não estou falando que a gente não goste de uma reunião matinal ou de um encontro que nos traga palavras de ânimo. Gostamos, mas os três motivadores citados acima são essenciais para saltarmos da cama às 5 horas, todos os dias.

O QUE 44

O VENDEDOR É SOLITÁRIO, POIS PASSA A MAIOR PARTE, SE NÃO O TODO TEMPO, FORA DA ORGANIZAÇÃO. MANTER-SE MOTIVADO É ESSENCIAL. NO FUNDO, TUDO DEPENDE SOMENTE DELE.

COMO 44

Somos solitários, na maioria das vezes, mas não vivemos na solidão.

O trabalho de campo é sempre mais desafiador do que o trabalho de vendas internas, claro, pois além de existir o desafio das metas, existe o desafio de ficar sozinho.

Ficar sozinho não significa estar só. Lembrar-se de fatos e fotos ajuda a manter a motivação.

Lembro-me de quando fazia muitas visitas em campo. Naquele tempo, eu acordava, levantava, orava, olhava para o espelho e dizia:

– Este é mais um dia em que você deve fazer a diferença! Você é o cara, Zanutim! Vá lá e venda!

Após fechar um pedido, eu ia para o carro, ajustava o espelho retrovisor e dizia para mim:

– Zanutim, você é foda! Você é o cara!

Depois disso, me dava alguns beijos nos braços e nas mãos e saía para atender o próximo cliente.

Estou contando isso não para me vangloriar, mas para mostrar a você que nós temos que ser motivados e motivadores.

Também por que, muitas vezes, vendedores de varejo se sentem abandonados ao esperarem um tapa do chefe nos ombros. Não espere!

Sei que reconhecimento e senso de pertencimento são importantes motivadores de vendas, mas você deve ser seu maior motivador, acordar com "sangue nos olhos" e reconhecer que ama a profissão escolhida.

've# O QUE 45
VENDEDOR DE ALTO DESEMPENHO
É MOTIVADO POR NATUREZA.

COMO 45

Sendo assim, tem que conhecer mais a si a cada dia, de forma a conhecer mais seus compradores e vender mais.

Uma das coisas mais importantes para um vendedor de alta performance é saber utilizar sua inteligência emocional.

Vendedores com alta inteligência emocional controlam as suas emoções e sabem como afetar as emoções das outras pessoas de maneira positiva.

Um comprador é uma pessoa, portanto, tem emoções. Passe a ouvi-lo melhor para perceber de qual modo ele responde às suas perguntas.

Ele se comunica de forma clara ou controladora diante de você? Parece transparente ou parece inflexível?

Muita atenção também aos gestos corporais de seu comprador, pois esses gestos revelam muitas coisas. Note, portanto, desde os movimentos dos membros até o tom de voz e a velocidade da fala.

Claro que não só a sensibilidade é importante, mas também a concentração, o contato visual e a utilização de sua inteligência emocional diante do cliente.

Vendedores de alto desempenho são capazes de "tirar o máximo dos modelos de comportamento humano, heurística e vieses cognitivos", com o objetivo de influenciarem os compradores.

Por isso, esses vendedores são capazes de desenvolverem e utilizarem alguns comportamentos de sucesso para vendas.

Lembre-se de que a venda é um processo de observação, percepção, influência, persuasão e escuta atenta.

Empatia – ter o foco no foco do cliente, colocar-se no lugar dele para sentir suas dores e necessidades a fim de entregar uma solução de alto impacto e com foco na geração de valor.

Autocontrole – Todo vendedor é ansioso por natureza, e, além disso, sente medo, raiva, incerteza, insegurança, impaciência, apego, desapego, arrogância, culpa e ilusão.

Quer ser vendedor alta performance? Desenvolva mecanismos de controle dessas emoções e sensações.

Autoconsciência – Um vendedor de alta performance busca, incansavelmente, saber quem ele é, faz testes e avaliações para se conhecer e se desenvolver. Dessa forma, passa a conhecer seus pontos fortes e seus pontos de melhoria. Ele entende que o seu comportamento e discurso afetam as outras pessoas e que as emoções perturbadoras sabotam as vendas.

Automotivação – Digo que um vendedor de ponta quer ter 100% de sua remuneração variável e comissões gordas. Vender é algo meio ingrato, pois depende 100% do desempenho do profissional. Gente de alto desempenho é automotivada.

Quer um COMO bem legal para você se conhecer? Faça um teste DISC de comportamento e levantamento de perfil; tenho certeza de que ele ajudará você a se conhecer melhor para lidar com suas emoções e controlá-las durante as vendas.

Com ele, você também aprende a se conectar às emoções dos *stakeholders*.

Melhorando o convívio com todos os envolvidos em seu negócio, você pode ajustar seu estilo de comportamento e comunicação para que as outras pessoas se sintam confortáveis com você.

Só tome cuidado com o fator parede invisível emocional!

No primeiro contato com os compradores, existe uma parede invisível, porém, sensitiva, capaz de separar os vendedores dos compradores.

Você precisa derrubar essa parede! Se ela resistir, avalie se as suas palavras ou ações estão impedindo a conexão emocional com o comprador. Nesse caso veja se será preciso mudar a forma como você se comunica. Você está ouvindo? Se não estiver, tente uma nova abordagem, que transmita sinceridade, credibilidade, simpatia e eficácia e pratique essa nova abordagem com um colega. Procure, também, saber mais sobre os seus compradores potenciais.

O QUE 46
REFIRO-ME À VENDA COMO ARTE PORQUE TODO ARTISTA SE UTILIZA DE DOIS RECURSOS: TALENTO E VOCAÇÃO.

COMO 46

Alguns filósofos contemporâneos acreditam apenas no esforço, não na vocação.

Eu creio no esforço, mas também creio na vocação no sentido de "chamado", algo que surge de dentro de nós e que não podemos negar.

E não estou falando na vocação para ser vendedor, mas para criar, desenvolver e manter relacionamentos.

Há vendedor que traz a vocação em seu DNA, do mesmo modo que há vendedor que deve fazer um esforço maior para desenvolver as habilidades de relacionamento.

Existe, ainda, vendedor que deveria procurar outra coisa para fazer!

Costumo brincar quando digo que algumas pessoas leram a mão com uma cigana e acreditaram quando ela disse que seriam vendedores de alta performance.

Creio que o talento pode ser trabalhado e potencializado para que a vocação seja colocada em prática. Então, ressalto mais uma vez a fórmula do sucesso: Sucesso = Trabalho + Talento + Perseverança!

O QUE 47

SE VOCÊ NÃO ENTRAR EM CONTATO COM SEU CLIENTE EM ATÉ DOIS DIAS APÓS SUA APRESENTAÇÃO, FIQUE SOSSEGADO: SEU CONCORRENTE ENTRARÁ!

COMO 47

Quer maior verdade que essa? Existe vendedor que larga o cliente. Sabe a razão disso? Uma hipótese é a descrença do vendedor no cliente, pelo fato de deduzir coisas sem investigar a fundo o *suspect* ou o *prospect* para saber quais são as reais percepções dele sobre os produtos ou serviços oferecidos.

No processo de vendas, o ponto da investigação deve ser o de maior concentração de um vendedor de alta performance.

Outra hipótese é a falta de controle ou de interesse por parte do vendedor. Tem alguns que até se esquecem dos clientes, acredita?

Há também o fato de o vendedor desconhecer o real poder de seus produtos, de seus serviços e de sua empresa.

Minha sugestão para melhorar isto é para que você tenha uma planilha de controle de visitas. Caso tenha um CRM (Customer Relationship Management), lembre-se de alimentá-lo; muitos vendedores que têm à sua disposição essa ferramenta poderosa, às vezes como um Salesforce, não sabem utilizá-la de maneira que amplifique suas vendas.

Além de ter uma planilha de controle, você precisa mudar a maneira de pensar e de trabalhar, o que pode começar a fazer ao colocar em sua agenda todos os contatos para o *follow-up*.

Assim, você deve ligar não só para os clientes aos quais se apresentou em uma visita, mas também para os que adquiriram seu produto ou serviço. Há vendedores que têm medo de contatar os clientes após uma compra. Não seja um deles!

O QUE 48

AS PERGUNTAS EFETUADAS POR UM CLIENTE POTENCIAL DEVEM SER VISTAS COMO SINAIS DE COMPRA. OUVIR MAIS E FALAR MENOS FAZ PARTE DA TÁTICA DO VENDEDOR DE ALTO DESEMPENHO.

COMO 48

Pare de falar: vendedor de alta performance desenvolve uma capacidade incrível de escuta atenta!
Saiba que escutar é igual a responder com efetividade.
Certa vez, uma amiga me ligou e disse:
– Zanutim, tem uma pessoa que eu gostaria de indicar a você para trabalhar com vendas, pois ela se comunica muito bem e fala bastante.
Nossa! Nessa hora, eu disse a ela:
– Se ela fala bastante, nem precisa indicá-la, pois um vendedor de alta performance desenvolve cada vez mais a capacidade da escuta atenta e da escuta estruturada para compreender as necessidades e os fatores de motivação de compra, de modo a oferecer os melhores benefícios.
Assim, finalizamos rapidamente a conversa.
Escutar atentamente tem como ponto central da comunicação o outro.
Assim, é importante que você esteja envolvido, focado e motivado com a situação do outro e observe atentamente tudo que ele demonstra de forma verbal e não verbal.
Você deve deixar que seu cliente ou outro potencial cliente termine suas frases, seguindo atentamente seu raciocínio, além disso, identifique a questão central que está em discussão.
Mantenha uma atitude positiva e focada na solução e respeite as pausas e os momentos de silêncio de seu cliente e os seus.
O ser humano gosta muito mais de falar do que de escutar, portanto se você quer desenvolver uma escuta de forma estruturada, procure encorajar o outro a falar e clarifique aquilo que escutou e caminhe para sintetizar e refletir sobre o que ouviu.

O QUE 49

O BOM VENDEDOR RECONHECE OS SINAIS DE COMPRA DE UM COMPRADOR DURANTE A PRÓPRIA APRESENTAÇÃO E CONVERTE ESSES SINAIS EM FECHAMENTO, QUASE DESCONSIDERANDO AS OBJEÇÕES DE COMPRA.

#

COMO 49

Falo muito sobre a conexão; como cliente, creio que isso seja de vital importância em vendas.

Há vendedores que desviam muito a sua atenção durante uma venda ou uma apresentação, pois eles se distraem, e isso ocorre em vendas simples ou complexas, especialmente no varejo: conversam com os colegas, mexem no celular enquanto o cliente experimenta algo e por aí vai.

Em vendas complexas, os vendedores ficam tão focados em si que se esquecem de fazer perguntas essenciais aos seus clientes na hora da demonstração.

Manter-se conectado faz com que você desenvolva uma capacidade de percepção, observação e persuasão incrível!

As pessoas sempre emitem sinais, principalmente os não verbais: movimentos na cadeira, utilização das mãos, sinais visuais e tantos outros aos quais você deve ficar atento.

Deixe-me ofertar a você um "como" melhorar nesse sentido:

Leia um livro chamado Como detectar mentiras, de Paul Ekman, e Aprenda a negociar, livro de Peter Stark.

O QUE 50

FIQUE ATENTO: O CLIENTE SEMPRE MANIFESTA SINAIS DE COMPRA QUE FAZEM A CONEXÃO ENTRE A APRESENTAÇÃO E O FECHAMENTO. PORTANTO, NÃO "MOSQUE": VOCÊ PODE NÃO TER UMA SEGUNDA CHANCE!

COMO 50

Você tem de 8 a 10 segundos para se conectar com um cliente potencial.

Assim, quero dar-lhe alguns exemplos para que fique mais claro como utilizar a força dessa conexão.

Se você trabalha em uma casa de câmbio, existe um vidro blindado entre você e o cliente. Então, atente-se à chegada do cliente, fixe o olhar nele e ele virá para você.

Se você trabalha em lojas de varejo, jamais fale ou olhe o celular, quando for o vendedor da vez, pois sua falta de atenção não fará a conexão e, certamente, você não terá uma segunda chance.

Se você costuma atender clientes pelo telefone, sorria logo nas primeiras palavras. Chamamos de sorriso na voz.

Se você trabalha com vendas complexas e processuais, atendendo compradores profissionais, mantenha o contato visual com eles desde a primeira reunião.

A conexão deve ser uma palavra utilizada no gerúndio durante a venda: você deve estar sempre se "conectando" com o cliente.

O QUE 51

O CONHECIMENTO DEVE SER ADQUIRIDO E A CRIATIVIDADE DEVE SER EXERCITADA. COM ESSES ITENS, VOCÊ AUMENTA AS SUAS VENDAS.

COMO 51

Lembra-se de que falei que um vendedor de alta performance deve buscar o conhecimento constantemente?

E que vender foi só o que restou a fazer na vida é papo-furado?

Vendedor de alta performance estuda muito, busca saber sobre temas diversos e, assim, ter formações ecléticas.

Sabia que a ideia da criatividade está ligada a 90% de transpiração e a 10% de imaginação?

Sua capacidade de inovar passa a ser incrível quando você desenvolve e pratica as duas habilidades citadas e, consequentemente, consegue cumprir as metas mais audaciosas. E você não precisa investir fortunas em sua formação: hoje tem muitas opções gratuitas e legais em sites como Veduca, Coursera e EDX, que oferecem muitos cursos gratuitos e outros baratos. Basta querer!

Há, também, o TED, que é um grande canal de vídeos que podem lhe ajudar a melhorar seu desempenho.

Outra opção é um aplicativo chamado Get Abstract, o qual você pode assinar por um valor irrisório para ter acesso a milhares de resumos de livros importantíssimos sobre vendas e outros assuntos.

Estão aí mais um monte de "COMOs" para você melhorar seu desempenho!

O QUE 52

CONSTRUIR OBJETIVOS PESSOAIS, METAS E SUBMETAS BEM ELABORADAS NOS LEVA A ATINGIR OBJETIVOS PROFISSIONAIS COM MAIOR FACILIDADE.

COMO 52

Uma parte significativa das pessoas as quais treinei até hoje, 90%, eu diria, não tem objetivos e metas pessoais declaradas. Se você quer ser de alta performance, deve ter um plano pessoal de metas, e não ficar restrito às metas de venda da empresa, o que é fácil, pois elas vêm do *top down*.

Quer realizar sonhos com maior facilidade?

Então comece hoje a construir um plano de metas e submetas com objetivos bem trabalhados!

Descobri que, de 100% das pessoas que escrevem e declaram seus objetivos e metas, 67% chegam ao sucesso.

Esse é um índice considerável!

Além disso, os que desenvolveram uma disciplina de metas melhoraram sua performance significativamente.

Pense nisso!

O QUE 53
UM RECURSO PRIMORDIAL E ESCASSO É O TEMPO. CABE A VOCÊ UTILIZÁ-LO AO SEU FAVOR OU CONTRA.

\#

COMO 53

Não sei se você sabe, mas, já colaborando um pouco com a dica 73, você e eu temos 1.440 minutos de vida por dia. De repente, pode ser menos. Brincadeira! Bata na madeira! O que você tem feito com seus 1.440 minutos diários de vida?

O tempo é o recurso mais escasso que temos e o único que não conseguimos recuperar, conforme eu disse antes.

No censo do ano passado, o IBGE divulgou que você e eu temos expectativa média de vida de 75,5 anos.

Nesse sentido, se você dorme 8 horas por dia, significa que você dormirá 25 anos de sua vida.

Se você toma banho de 20 minutos pela manhã e outro de 20 minutos à noite, significa dizer que você vai gastar perto de 2,8% da sua vida debaixo do chuveiro. Cuidado! Sua vida pode ir para o ralo, literalmente, caso você não a gerencie!

Então, faz-se importante lembrar novamente: o que não se mede não se gerencia!

Não estou dizendo que você não pode dormir um pouco mais ou tomar um banho mais demorado, mas que gerir o tempo é fundamental para que atinja a alta performance.

Gente de alta performance mede seus dias em minutos, não em horas ou dias.

O QUE 54
VENDER ESTÁ CADA VEZ MAIS DIFÍCIL. SERÁ?

#

COMO 54

Nos primórdios da história, o homem saía para caçar com lança, porrete e outros artefatos. Hoje, o homem sai com uma maleta.
Você acredita que a diferença está na tecnologia, nas mudanças e nas necessidades? Nada disso, pois as dificuldades foram e sempre serão as mesmas, ou, no mínimo, muito parecidas, pois os recursos continuarão limitados, independentemente da contemporaneidade.

O que um bom vendedor precisa aprender é a se preparar mais a cada dia e cada vez melhor, pois tanto na época das cavernas como atualmente, a preparação e o ritual são importantíssimos.

Hoje, essa função tem um nome: vendedor *"hunter"*, que, ao ser traduzido para o português, significa vendedor "caçador".

Se você vai sair para caçar, vai precisar de disciplina, conhecimento do terreno, conhecimentos técnicos sobre os produtos, armas e uma tática infalível de caça a novos clientes.

Um "como" que eu posso aplicar aqui é saber identificar a caça.

Em minha opinião, uma venda complexa envolve outras pessoas, e vendedor de alta performance nunca se esquece de que está lidando com seres humanos emocionais, falíveis e irracionais, gente igual a ele.

A primeira pessoa envolvida em uma venda complexa é a compradora – aquela que decide a compra de uma organização, a qual, algumas vezes, pode não ter autoridade para liberar fundos.

Outra pessoa envolvida é a solicitante – pessoa hábil para identificar problemas internos que o seu produto ou serviço possa resolver. Ela pode solicitar soluções para problemas na esperança de comprar um produto ou promover alguma mudança que possa corrigir o problema.

Há a pesquisadora – quem promove pesquisas para descobrir recursos disponíveis e opções de fornecedores para resolverem o problema. A pesquisadora tem influência mínima nas decisões de compra, pois é ela quem trabalha no projeto de pesquisa e desenvolvimento de produtos.

Existe a figura da influenciadora – aquela que pode jogar contra ou a favor de sua proposta; você tem que identificá-la rapidamente!

Por último, existe aquela que decide – essa, além de decidir uma compra no lugar da compradora, pode também tomar decisões financeiras, apoiar os seus esforços de vendas e dar-lhe informações internas valiosas para ajudar a fechar o negócio. Ela tem grande poder de decisão na hora de comprar o seu produto ou serviço. Procure a que defende você, traga os indecisos para perto e anule os opositores.

Cansei de ver vendedores prometendo demais e cumprindo de menos!

O QUE 55

PROMESSAS ANTECIPADAS AOS CLIENTES GERAM FALTA DE INTERESSE POR PARTE DO VENDEDOR EM CUMPRI-LAS. PORTANTO, SÓ PROMETA O QUE PODE CUMPRIR.

#

COMO 55

Você precisa prometer algo aos seus clientes?

Nada contra as promessas, mas é bom que evite, ao máximo, prometer algo aos seus clientes.

Contudo, quando prometer, que seja o que você pode cumprir, algo alinhado com os departamentos envolvidos.

Vendedores comuns prometem aleatoriamente, sem alinharem suas promessas com os envolvidos ou com os departamentos.

Os de alta performance, por sua vez, não: eles alinham tudo antes e somente depois fazem as promessas aos clientes.

Não estou dizendo que isso pode resolver todos os problemas, mas que certamente amenizará bem futuros problemas com seus clientes, além de manter sua imagem positiva diante deles e do mercado.

Ninguém merece um vendedor *somebody love!*

O QUE 56

TODO CLIENTE TEM 100% DE RAZÃO ATÉ QUE ELA ACABE. QUANDO FALAMOS DE VENDAS, NÃO EXISTE CERTO OU ERRADO, MAS A PERCEPÇÃO DO CLIENTE, PORQUE SATISFAZER AS NECESSIDADES E OS DESEJOS DOS CLIENTES É O QUE VERDADEIRAMENTE IMPORTA.

#

COMO 56

Eu não acredito que o cliente sempre tem a razão, afinal, existe cliente mal informado e mal-educado.
Um vendedor de alta performance sabe lidar com as objeções e com as dificuldades de forma ética e competente.

Eu creio que existem perfis diferentes de clientes, e que nós, os vendedores, precisamos estar preparados para distingui-los e atendê-los da melhor forma possível.

Tem clientes que são grosseiros e antipáticos, pois se comportam de modo questionador, antiquado e insultante. Quando você encontrar clientes assim, deve agir mostrando todo seu conhecimento sobre o produto ou o serviço, cortesia e inteligência emocional.

Alguns clientes, por sua vez, são muito quietos, pensativos e agem como se nada conhecessem. Para esses, é essencial que você faça perguntas poderosas como forma de gerar considerações relevantes neles.

Alguns clientes gostam de sair na frente de todos, contudo, eles barganham mais, são supercríticos e agem com uma baita indiferença, já que largaram na frente dos outros compradores. Diante desses, você deve agir com muito conhecimento sobre seu produto ou serviço e persistir na venda.

Existem, ainda, os indecisos, que se mostram apreensivos no momento da compra e desejam falar muito do produto. Para esses, dê exemplos de pessoas que já adquiriram seu produto ou serviço, como forma de motivá-los a comprarem e aplacarem sua insegurança.

E como lidar com os clientes que acham que têm razão sempre e são a mal-educados, nervosos, impacientes e injustos?

Mantenha a paciência, antes de tudo, visto que o controle emocional é fundamental nessas horas. Além disso, tenha uma bagagem de argumentações preciosas para eles.

Mas nem tudo é ruim, não é mesmo? Existem clientes com perfis mais educados, com bom senso, que são agradáveis e mais inteligentes do que outros. Esses devem ser atendidos com o máximo cuidado para que não haja qualquer retardo no atendimento, se mostrar efetivo e manter a cortesia.

O fato é que não existem apenas clientes "chatos" ou que querem ter sempre a razão: se pensa isso, é sinal de que não desenvolveu habilidades, conhecimentos e competências para atender cada cliente da forma como deve ser atendido.

Assim, na realidade, clientes chatos são aqueles que exigem de você o que você não tem competência para fazer. Já percebeu?

O QUE 57

UM BOM GESTOR COMERCIAL POSSUI HABILIDADES TÉCNICAS, CONCEITUAIS E HUMANAS E ESTÁ SEMPRE MARCANDO PRESENÇA NO CAMPO PARA EXERCER BEM O SEU PAPEL E SUPORTAR SUA EQUIPE PARA ATINGIR METAS.

COMO 57

Gosto de dizer que planejamento é um ato de respeito para com as pessoas que dependem de você no tocante ao atingimento de seus objetivos e metas.

O bom gestor é aquele que aplica o que eu gosto de chamar de técnica TBC.

Você conhece ou já ouviu falar em *GEMBA*?

Essa palavra origina-se da Língua japonesa e significa "local real" ou "o lugar onde a virtude ou a verdade seja encontrada". Esse termo é similar à expressão *Genchi Genbutsu*, que significa "Vá ver".

Gosto de regionalizar o termo e traduzi-lo para técnica TBC (Tira a Bunda da Cadeira)!

Gestor de alta competência está sempre no campo para buscar melhorias contínuas e ajudar sua equipe a bater as metas.

Quer gerir de forma efetiva? Siga essas regras no campo, junto aos seus liderados:

1. Eu **(líder)** faço e você **(liderado)** vê.
2. Eu **(líder)** faço e você **(liderado)** faz comigo.
3. Você **(liderado)** faz e eu faço com você **(líder)**.
4. Você **(liderado)** faz e eu vejo **(líder)**.

São quatro passos bem simples, mas que, se você segui-los, com certeza sua equipe melhorará muito em ações efetivas para as metas e as vendas.

O QUE 58

O GESTOR COMERCIAL É, ANTES DE QUALQUER COISA, UM INTERLOCUTOR, POIS RECEBE AS INFORMAÇÕES DA ALTA GERÊNCIA E AS TRANSMITE PARA A OPERAÇÃO DE FORMA POSITIVA.

#

COMO 58

Ficar no meio da pirâmide corporativa não é nada confortável. Sei disto porque já mentoreei e acompanhei diversos gerentes e supervisores de tudo quanto é tipo e tamanho de empresa.

O gestor deve concentrar 80% de sua força e tempo em três itens: clientes, equipe e indicadores mercadológicos. Os 20% restantes devem ser aplicados em todo o resto.

Quanto às habilidades, se tem uma que o gestor deve desenvolver muito é a comunicação.

Comunicar é centrar no outro, pois há comunicação a partir do que o outro entende.

Claro que essa habilidade deve ser desenvolvida não apenas pelo gestor, mas por qualquer pessoa.

Um gestor de alta performance que tem como foco de sua comunicação o outro, ou seja, o cliente vende mais e auxilia suas equipes a fazerem isto.

Quando o gestor não sabe receber as orientações da alta liderança e transmiti-las para sua equipe de forma "traduzida", os ruídos gerados podem ser irreparáveis.

Não necessariamente os liderados sabem dos fatores e posicionamentos estratégicos.

Então, como melhorar a comunicação?

Somos "umbigólatras" por natureza, egoístas de nascença, então, focar no outro e centrar sua comunicação nele é um exercício constante para a melhoria contínua.

Para melhorar a comunicação, você deve praticar a empatia!

Neste sentido quero lhe dar um: COMO Transformar Ansiedade em Excitação?

Nós, seres humanos, esperamos ansiosamente por algo que irá acontecer principalmente se for novidade total ou parcial. No entanto, a possibilidade da espera acaba nos deixando ansiosos e pouco concentrados para a ação.

Vender é uma ação.

Provavelmente você já ficou ansioso minutos antes de fazer uma venda, ou uma reunião, ou realizar uma palestra. Nestes casos, o primeiro conselho que as pessoas (despreparadas) tentam nos dar é dizer para ficarmos calmos.

Uma pesquisa extraordinária indicou e evidenciou que isto pode ser um péssimo conselho. Nela, 140 pessoas (63 homens e 77 mulheres) foram instruídas a preparar uma palestra convincente, contando os motivos pelos quais seriam bons vendedores ou negociadores.

Para aumentar a ansiedade dos participantes, o pesquisador disse que filmaria as palestras e os *pitch* de vendas para serem avaliadas por uma comissão altamente técnica.

Os participantes foram divididos em dois grupos. O primeiro grupo foi instruído a dizer para si mesmo o tempo todo a frase "Estou Animado" antes de começar. Já para o segundo foi orientado a falar para si mesmo a frase "Estou Calmo".

Incrivelmente e de maneira surpreendente, as pessoas que disseram que estavam animadas fizeram discurso de vendas mais eficaz e eram mais persuasivas, competentes e descontraídas do que as que disseram que estavam calmas.

Essa pesquisa foi ainda repetida em contextos diferentes minutos antes de uma prova de matemática e minutos antes de uma apresentação musical. O conselho para ficar animado funcionava bem melhor do que o para ficar calmo.

Apesar de ser um resultado aparentemente inusitado, ele faz muito sentido. As reações fisiológicas envolvendo a excitação e as ansiedades são mais semelhantes do que quando comparamos relaxamento e ansiedade.

Nessas situações, procure aconselhar uma pessoa a ficar mais animada e excitada pela possibilidade de superar algum desafio ou obstáculo, do que orientá-la a ficar calma diante deles. Assim, você tem o poder de transformar ansiedade em excitação. E como líder e interlocutor proporcionará à sua equipe um aumento significativo da performance em vendas e reduzirá os impactos causados pelas falhas nas comunicações.

O QUE 59

UM GESTOR COMERCIAL DEVE SER CAPAZ DE DIRIGIR, PLANEJAR, ORGANIZAR E CONTROLAR A ÁREA DE VENDAS E SUA EQUIPE.

#

COMO 59

De nada adianta ter motivação, força de vontade, energia e "pegada" comercial se não medir tudo o que se faz em vendas. A direção, o planejamento, a organização e o controle das ações e dos processos são essenciais para um bom líder comercial. Mas, como tenho dito por várias vezes nesse livro, não quero só oferecer um monte de "O QUEs", mas também "COMOs".

Como dirigir, planejar, organizar e controlar melhor as ações comerciais a fim de melhorar e aumentar as vendas?

Antes de qualquer coisa, um gestor de alta performance é capaz de criar e desenvolver novos comportamentos em prol da melhoria da performance.

Comece colocando no papel tudo que você tem para fazer em seu dia a dia de trabalho: faça uma lista organizada, colocando ações Imprescindíveis/Importantes, Urgentes e Relativas. Eu aprendi um pouco desta gestão no livro do Christian Barbosa, e estou transmitindo para você.

Imprescindível/Importante	Urgente	Relativo

Se quiser, pode colocar isto em um painel maior e trabalhar com *post-it* para melhorar sua visualização.

Depois, defina a urgência, a gravidade e a tendência de cada uma das ações, por meio da matriz GUT (Gravidade, Urgência, Tendência):
1. Qual a gravidade da ação?
2. Qual a urgência de eliminar o problema? (relacionando-o com o tempo disponível para resolvê-lo).
3. Qual a tendência do problema e seu potencial de crescimento?

Você pode e deve utilizar a escala que está no quadro, pois ela lhe auxiliará a trabalhar com mais efetividade e produtividade.

Nota	Critério de Avaliação Gravidade	Critério de Avaliação Urgência	Critério de Avaliação Tendência
5	Prejudica gravemente o resultado	Providência imediata	A situação piorará bastante
4	Prejudica bastante o resultado	Providência em curto prazo	A situação piorará
3	Prejudica o resultado	Providência em médio prazo	A situação poderá piorar
2	Prejudica pouco o resultado	Providência em longo prazo	A situação não mudará
1	Quase sem efeito sobre o resultado	Não há pressa/ pode ser postergado	Será resolvida sem nenhuma intervenção

Fonte: Kepner e Tregoe.

Após fazer esse trabalho – e não acredite que será fácil, simples e rápido – você certamente melhorará o controle, e, consequentemente, o trabalho com sua equipe de vendas.

Outra certeza que tenho é que sua equipe e as pessoas irão lhe respeitar mais, pois, como disse anteriormente, planejamento é um ato de respeito para com as pessoas que dependem de você para atingirem suas metas e objetivos.

O QUE 60

PARA VENDER MAIS, A EMPRESA DEVE SE PREOCUPAR COM TODOS OS SEUS RECURSOS DISPONÍVEIS. CASO CONTRÁRIO, É MELHOR MANTER AS VENDAS.

\#

COMO 60

Não é só vender mais que traz resultados: tem que vender com lucro, vender certo e vender bem, sustentando a relação com o cliente.

Tenho dito que, em alguns casos, vender mais traz mais prejuízos para certas empresas, as que estão com modelo comercial muito ruim, cultura com foco no preço e mania de atenderem as demandas de mercado que beira o suicídio, só que sem saberem.

Nestes casos, os líderes forçam as metas para cima sem perceberem que existe uma incongruência na gestão.

O que é isso, em minha opinião?

Trata-se de uma "miopia comercial", visto que o foco está no lugar errado e a distância causa transtornos irrecuperáveis para a empresa.

Até por que, foco é capacidade de olhar o todo e estar conectado a isto.

Outra coisa que é muito triste é o fato de os líderes não reconhecerem seus erros, de modo que forçam a barra ao exigirem cada vez mais de suas equipes. Nesse contexto, a tendência é desmotivar a equipe, perder mercado para concorrência, criar um clima generalizado de descrença e chegar à falência.

Vender errado é mais fácil do que vender certo. Em algumas empresas, essa "miopia" da venda errada pode se manter por um longo tempo, pois cai-se na armadilha do produto bom. O que é isso?

Produto bom é o que sustenta por um período longo a base de clientes até que outro produto o substitua.

Quando as metas são bem elaboradas e o foco não é somente no preço, o gestor avalia todos os recursos, que são sete, conforme disse anteriormente: humano, financeiro, máquinas e equipamentos, matérias-primas, sistema de informação, infraestrutura e tempo e só depois toma as decisões ou define as metas mais atingíveis e realistas.

Uma forma de você exercitar isso é fazendo uma lista desses recursos para avaliá-los, ajustar suas margens e criar um diferencial de valor para percepção dos clientes. Sim! A percepção de valor sempre será do cliente!

Certa vez, estava em uma gigante cimenteira, discutindo sobre a questão da comoditização do cimento.

Será que os clientes consumidores finais sabem comprar o cimento, ou irão somente e sempre para o menor preço?

Nessa cimenteira se desenvolve, em parceria com o departamento de marketing, uma cultura de ensino ao consumo, a qual criou quatro tipos de informações e nomes de batismo para embalagens, de modo que os clientes possam comprar certo.

Assim, a cimenteira foi, aos poucos, educando os clientes na compra do cimento de acordo com a intenção de aplicação dele.

Claro que não foi e não é uma tarefa fácil, mas o resultado foi e é maravilhoso, pois o cliente tem a noção de que, para cada tipo de situação, faz-se preciso utilizar um tipo de cimento.

Se no mercado de cimento é possível diferenciar e criar valor sob a percepção dos clientes, também é possível fazê-lo em mercados menos complexos e competitivos.

O QUE 61
SABE O QUE É OBJEÇÃO ÀS VENDAS? É UMA OPOSIÇÃO OU RESISTÊNCIA DE UM CLIENTE POTENCIAL À SOLICITAÇÃO DO VENDEDOR.

COMO 61

Carteira recheada e vendas superiores podem ocorrer se você tiver a capacidade de prever objeções. O fato é que você precisa de muita prática e preparação, e, ainda, dispor de tempo, criatividade e foco para fazê-las acontecerem.

Atitude, criatividade, habilidades em vendas, conhecimento do produto, entendimento do comprador e criação de relacionamentos duradouros são chaves para superar objeções.

Mapeei **cinco** grandes grupos de objeções geradas pelos clientes durante o processo de atendimento em vendas.

Como falei, tenho me incomodado muito com tantos "O QUEs" para melhorar.

Vamos a mais "COMOs".

Quando um cliente tem uma objeção que é real, que diz algo concreto sobre a empresa, produto ou vendedor, você precisa ter uma ação de compensação para fazê-lo se sentir único, privilegiado.

Um vendedor de baixa performance, nesse momento, se perde, então pede desculpas e tenta contemporizar.

Quando o cliente tem uma objeção à venda ou a proposta é um mal-entendido, sua ação deve ser de esclarecimento, pois ele fica confuso, sem saber distinguir entre mentira e verdade.

Outro bloco de objeções, mais complexo, é o bloco do ceticismo. Ele ocorre quando o cliente fica cético perante a proposta, produto, vendedor ou empresa. Nesse momento, você deve oferecer benefícios a ele (veja o círculo de platina posto ao final do livro, pois vai lhe ajudar).

Se ele perceber valor, em vez de preço, somente, o ceticismo será reduzido.

No quarto bloco, por sua vez, estão as objeções por indiferença. Essas chegam a doer, pois a indiferença é um sentimento bastante significativo.

Lembre-se de que a venda é um movimento constante, é organismo. Então, estar conectado ao cliente é essencial para superar objeções.

Para superar objeções provindas da indiferença, utilize-se de ações com muita sondagem.

Por último e não menos importante, faz-se importante mencionar o bloco de objeções difíceis de serem superadas, como as objeções por pretexto.

Suas ações devem estar pautadas em questionamentos, perguntas de alto impacto.

Você pode até chegar a perguntar:

"Quais são as razões pelas quais o senhor procrastina o atendimento, ou a análise da proposta, ou a vista do protótipo, etc."?

Vendedor de alta performance não tem medo de perguntar.

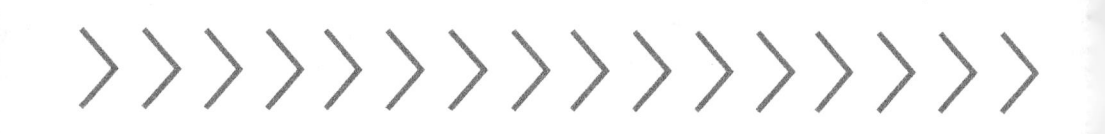

O QUE 62

AS NECESSIDADES DO CLIENTE POTENCIAL PODEM SER ESTIMULADAS PELA EXPOSIÇÃO DIRETA AO PRODUTO, O QUE OCORRE NA APRESENTAÇÃO DE VENDAS.

COMO 62

Como se diz por aí, uma imagem é tudo!

Nós não conhecemos de fato quais são os motivadores de compra, o que apenas ocorre diante de investigação com perguntas poderosas. Contudo, para nos auxiliar, podemos contar com o apoio de algumas ferramentas sensoriais, experienciais e visuais para estimularmos nossos clientes.

Um vendedor de alta performance sabe como e para que demonstrar seus produtos ou serviços.

Sabe, também, que um material limpo, bonito e organizado será percebido positivamente pelo cliente.

O cliente sempre está atento aos aspectos visuais, e nós, os vendedores, somos os responsáveis por garantir que toda a exposição esteja em ordem.

Seja um catálogo, um *flyer*, amostras ou PPT, tudo a ser apresentado deve estar focado no cliente e ter, ainda, o foco no foco do cliente.

Costumo dizer que se você é interessante nos primeiros dois minutos, você tem quantos minutos quiser para fazer sua apresentação até o final.

Isso porque o cliente lhe dá mais tempo ao reconhecer que está preocupado com o negócio dele.

O QUE 63

A VONTADE DE GANHAR FAZ PERDER O MEDO DE PERDER. PORTANTO, CUIDADO! O PROFISSIONAL DE VENDAS, QUANDO ESTÁ ANTENADO, OLHA PARA A VENDA, PARA O PREÇO, PARA O CUSTO E PARA O LUCRO.

#

COMO 63

Quando escrevi essa frase, estava passando por grandes desafios em vendas.
Sabe aqueles momentos nos quais você quer fazer qualquer coisa para vender mais? Estava em um período desses.

Deixe-me compartilhar com você minhas conclusões e o porquê escrevi isso como dica.

No anseio de cumprir metas audaciosas e mal elaboradas, tendemos a adotar quaisquer ações, sem nos preocuparmos com outros fatores como os escritos ao lado e os que se referem à conduta moral.

Em empresas de grande porte e em multinacionais, existe um departamento de *compliance*, no qual as ações são monitoradas por um grupo de pessoas aquém da operação.

Contudo, são poucas as empresas de médio e pequeno porte que apresentam esse departamento. Assim, você é o grande responsável por manter toda a conduta.

Pense nisso: Gandhi dizia que nós temos que ser a mudança que queremos que aconteça no mundo.

Em tempos de grandes turbulências, nos quais a ética perdeu o sentido, visto que somos vigiados o tempo todo, praticamente, você pode fazer a diferença em sua profissão ao conseguir boas negociações e cada vez menos negociatas.

Pense nisso, pois a conta sempre chega ao final.

O QUE 64
UM PROFISSIONAL DE VENDAS DEVE GERIR E OTIMIZAR SEU TEMPO PARA SER MAIS EFETIVO.

#

COMO 64

Cliente tem tempo, vendedor tem tempo, então o respeito mútuo pela agenda de ambos amplifica os negócios e fideliza o cliente.

Não sei se você sabe ou se chegou a pensar sobre isso, mas gente como eu pensa nisso: meu dia e seu dia tem 1.440 minutos, nada mais do que isso. E o pior: pode ser menos!

Um vendedor de alto desempenho sabe que o tempo é fator crucial para o sucesso e que uma boa gestão, o que ocorre por intermédio de uma rotina rígida e disciplina constante com a agenda, é capaz de gerar resultados bem significativos.

Um conselho: crie uma rotina primeiro e passe-a para uma agenda depois; não se preocupe em cumprir 100% dela, pois jamais conseguirá devido a fatores externos, que são incontroláveis: concentre-se em 70% ou 80% e se sinta vitorioso!

E lembre-se: isso tem a ver com a sua mudança de comportamento, não com passe de mágica!

Eu acredito que as pessoas levam de 30 a 36 dias para mudarem um comportamento, pois dependem que o corpo entenda que o cérebro não está brincando.

O QUE 65

O VENDEDOR COMUM PASSA MAIS DE CINCO HORAS POR DIA EM ALGUMA FORMA DE VENDA, INCLUINDO AS VISITAS.

#

COMO 65

Um vendedor de alta performance jamais passa por isso! Sabe o motivo?
Porque o vendedor de alta performance tem uma rotina e uma agenda bem definidas, bem como disciplina na gestão e no cumprimento da agenda.

Um roteiro bem definido de visitas deve ter como foco a efetividade das metas de vendas.

Como você pode melhorar seu desempenho e ter visitas efetivas?

Planejando sua semana! Tire um dia da semana para fazer todo seu planejamento, ou pelo menos algumas horas da segunda-feira. E lembre-se de colocar isso em sua agenda!

Tenho certeza de que, se você fizer um bom planejamento da semana, não passará cinco horas em uma visita!

Digo sempre: venda é disciplina e diligência.

O QUE 66

O GESTOR COMERCIAL DEVE TER TALENTO PARA ANALISAR OS AMBIENTES (MACRO/MICRO/INTERNO) ANTES DE CONSTRUIR UMA MATRIZ SWOT.

COMO 66

Pessoas comuns acreditam que o talento é nato; eu não creio nisso.

Se olharmos para o campo dos esportes, por exemplo, encontraremos várias e várias histórias de superação.

Usain Bolt tem uma história dessas: era um menino pobre e sem perfil para o esporte por ser alto demais e fraco nas largadas.

Com muita disciplina, dedicação e treino, Bolt melhorou sua performance, se superou e se tornou o homem mais rápido do mundo. Será que o talento ajudou?

Quantos casos conhecemos de meninas e meninos que, apesar de talentosos, não se tornaram algo a se admirar? Será que isso ocorreu por culpa dos pais, das circunstâncias de sua forma de pensar?

O QUE 67
O VENDEDOR NASCE VENDEDOR?

#

COMO 67

O ser humano não nasce pronto. Quero dizer, não pelas mãos da natureza. A vida é um estado contínuo de aprendizagem, inclusive para aqueles que buscam o sucesso. Em relação às vendas, não é diferente: você tem que nascer todos os dias!

Segundo a psicóloga Carol Dweck, as pessoas têm habilidades mais desenvolvidas quando querem desenvolver e acreditam que isso é possível. Assim, um vendedor de alta performance precisa ter um *mindset* de crescimento não fixo.

Mas tudo pode ser treinado e desenvolvido em pessoas que tem o modelo mental de crescimento, de desenvolvimento constante e de aprendizagem.

O profissional de vendas deve ser um indivíduo treinado, capacitado. O vendedor contador de piadas está ultrapassado!

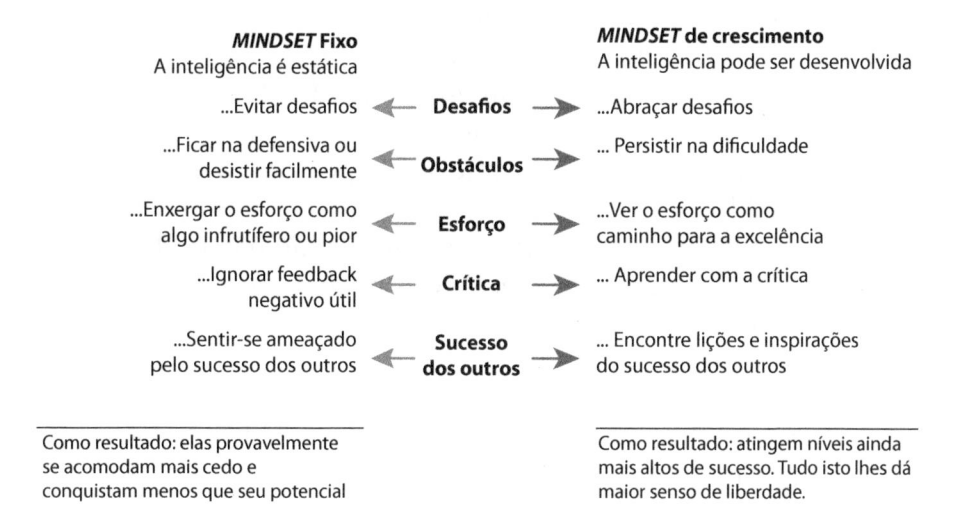

MINDSET Fixo A inteligência é estática		*MINDSET* de crescimento A inteligência pode ser desenvolvida
...Evitar desafios	← Desafios →	...Abraçar desafios
...Ficar na defensiva ou desistir facilmente	← Obstáculos →	... Persistir na dificuldade
...Enxergar o esforço como algo infrutífero ou pior	← Esforço →	...Ver o esforço como caminho para a excelência
...Ignorar feedback negativo útil	← Crítica →	... Aprender com a crítica
...Sentir-se ameaçado pelo sucesso dos outros	← Sucesso dos outros →	... Encontre lições e inspirações do sucesso dos outros
Como resultado: elas provavelmente se acomodam mais cedo e conquistam menos que seu potencial		Como resultado: atingem níveis ainda mais altos de sucesso. Tudo isto lhes dá maior senso de liberdade.

Fonte: Nigel Holmes (apud DWECK, 2016).

Criado pelo Dr. Holmes, a imagem é só para você compreender um pouco mais sobre o que é ter um modelo mental de campeão, não só em vendas, mas na vida.

Todos nós nascemos bebê, concorda?

Isaac Newton definiu a teoria da gravidade porque tinha uma bagagem cognitiva incrível. Após estudar muito e observar a queda da maçã, teve o que os gregos chamam de metanoia, um tipo de expansão da consciência, uma "eureka"! Ele "ligou os pontos", pois seus neurônios tinham muitas informações e fizeram grande sinapse.

Não foi um milagre: teve muito trabalho antes e um *mindset* de crescimento.

Usain Bolt não chegou a ser o homem mais rápido do mundo com um *mindset* fixo: ele sabia de seus limites e dos desafios que teria que superar para alcançar suas metas desafiadoras e chegar ao seu objetivo.

Thomas Edison tem uma frase clássica, dentre as muitas que escreveu, na qual ele diz que não falhou, só descobriu mais de dez mil maneiras de como não fazer funcionar uma lâmpada!

O que faz você acreditar ou imaginar que um vendedor nasce pronto? Sabia que tem gente que acredita nisso?

Aliás, tem gente que acredita que vendedor é o tipo de gente que fala muito e que tem boa lábia.

Claro que temos dois perfis iniciais de pessoas: o extrovertido e o introvertido.

Outra crença limitante é que um introvertido não pode ser um vendedor de alta performance. Pelo contrário: eu, por exemplo, creio que um introvertido tem uma capacidade incrível de concentração e de escuta.

Todos nós temos que estar, constantemente, em estado de aprendizagem, desenvolvendo capacidades e habilidades técnicas e comportamentais.

Então, eu não acredito que um vendedor nasce vendedor.

MINDSET: CINCO PASSOS PARA AUMENTAR AS VENDAS

O sucesso e o fracasso são resultado das escolhas que as pessoas fazem para suas vidas? Profissionais bem-sucedidos nasceram com talento ou se esforçaram mais? É possível se recuperar de um grande fracasso? Será que o sucesso e o fracasso são uma questão de sorte ou mentalidade?

As respostas para todas essas perguntas encontram-se no mesmo lugar: a mente humana. Ela é a grande responsável pela maioria dos resultados da vida, convém a cada um saber utilizá-la da melhor forma.

Como disse a autora do livro O Segredo, Rhonda Byrne: "O único motivo pelo qual as pessoas não têm o que desejam, é que elas passam mais tempo pensando no que não desejam, do que naquilo que de fato desejam".

Falta a elas uma definição clara de seus objetivos e metas, bem como o foco nas submetas para alcançar.

É evidente que na prática as coisas não são tão simples assim, e nem todos os problemas da vida são resolvidos por meio de pensamentos positivos. O sucesso é resultado de uma soma de fatores, crenças e comportamentos, e é necessário trabalhar arduamente para alcançá-lo. Como sempre digo: trabalhar dá um trabalho danado!

Existem técnicas que visam auxiliar este cenário, e uma em especial tem sido bastante adotada com o passar dos anos, a prática de melhoria do *mindset*.

Se você ainda não ouviu falar sobre isso, não se preocupe. Explicarei detalhadamente seu conceito e em como usá-lo de maneira benéfica.

O QUE É *MINDSET?*

Mindset (mentalidade, em português) é o conjunto de pensamentos e crenças que influenciam diretamente no comportamento do ser humano. É considerado algo pessoal e varia de acordo com cada indivíduo.

Resultado de longos anos de pesquisa, o conceito de utilização do *mindset* para se obter sucesso foi desenvolvido pela psicóloga reconhecida internacionalmente, Carol S. Dweck. Ela defende a ideia de que a forma que lidamos com nossos objetivos é a base para se obter êxito.

Se você almeja conquistar metas ou obter resultados diferentes em determinada área da vida, é necessário tirar o cérebro da zona de conforto e mudar sua programação mental. Ou seja, saber que você está em uma caixa gigante e pensar de forma diferente dentro dela!

A psicóloga Carol S. Dweck divide o *mindset* em duas vertentes, em que é possível identificar a mentalidade de cada indivíduo por meio da forma que ele enxerga os esforços. Entenda cada uma delas:

MINDSET FIXO

Indivíduos com *mindset* fixo enxergam o esforço como algo ruim. Para eles, características básicas de inteligência e competência são traços que não podem ser alterados. Essa crença os faz evitar certos desafios e novas experiências para não se sentirem inferiores.

Perfis com mentalidade fixa possuem pensamentos mais negativos, e quando passam por algum fracasso, concluem que são incapazes e preferem desistir do objetivo. Essas características despertam grandes problemas de insegurança e ansiedade, é preciso ficar atento.

MINDSET PROGRESSIVO OU DE CRESCIMENTO

Indivíduos com *mindset* progressivo enxergam o esforço como algo positivo, acreditam que suas habilidades podem ser desenvolvidas e que essas experiências abrem caminhos para o crescimento.

Sendo o oposto da mentalidade fixa, pessoas que possuem *mindset* progressivo entendem que dificuldades fazem parte do caminho para o sucesso e as transformam em oportunidades. Quando erram, enxergam o progresso ao invés do fracasso.

Profissionais que possuem *mindset* progressivo superam suas limitações e procuram alternativas para contornar a situação. Um exemplo deste perfil é o brilhante inventor Thomas Edison, que foi considerado "burro" por alguns professores devido à sua dificuldade de aprendizado. Mas ele não renunciou, insistiu em centenas de tentativas até conseguir chegar no seu objetivo final, a invenção da lâmpada.

COMO O *MINDSET* PODE MELHORAR AS VENDAS?

Conforme explicado, o *mindset* é a ligação do que acontece no ambiente externo com a forma que a pessoa compreende isso. Não é segredo que as vendas consistem em desafios diários, e vendedores que fazem desse desafio um peso, dificilmente conseguirão bons resultados.

Independentemente da formação técnica que o vendedor possua, a chave para o sucesso está na forma de abordagem do cliente, e essa questão muitas vezes desperta insegurança e medo de rejeição. Então é de extrema importância que o vendedor saiba orientar seu *mindset* para contornar essa situação e obter sucesso.

Se você deseja aprender maneiras de melhorar a performance nas vendas por meio do *mindset*, não deixe de ler até o final. Separei cinco passos infalíveis para ajudá-lo com este processo, acompanhe:

1) IDENTIFIQUE SUA CRENÇA

As crenças são resultados de diferentes situações que as pessoas são expostas ao longo da vida e podem ser formadas por meio de experiências boas ou ruins.

Existem dois tipos de crenças em todos os indivíduos, e elas podem influenciar de forma direta no sucesso ou fracasso de seus objetivos. Todo fracasso vem acompanhado de uma crença "limitante", que geralmente é criada de forma irracional. No caso do vendedor, ela aparece em pensamentos: "não vou conseguir essa venda"; "não sou capaz de convencer o cliente"; "acho melhor tentar outra profissão", entre tantos outros. Esse tipo de crença pode limitar o potencial do vendedor e afetar sua performance.

Mas é possível identificar as crenças limitantes e trocá-las por crenças "fortalecedoras", que consistem em pensamentos positivos como: "sou capaz de fechar essa venda"; "vou conseguir convencer o cliente"; essa linha de raciocínio está diretamente ligada ao sucesso, pois fortalece o potencial do profissional e aumenta sua performance positivamente.

CONHEÇA O PRODUTO

O vendedor de sucesso conhece inteiramente seu produto ou serviço, sabe de seus detalhes e das vantagens que pode oferecer ao potencial comprador.

Além de ser inadmissível oferecer algo que não conheça, possuir o domínio do produto faz com que o vendedor sinta mais confiança de oferecê-lo ao cliente. Dessa forma é mais difícil que a mente crie empecilhos e receios na hora da abordagem.

2) CONFIE NO PRODUTO

Complemento do passo anterior, é importante que além de conhecer, o vendedor confie no produto. Antes de oferecê-lo aos clientes é necessário responder uma simples pergunta: Eu usaria esse produto?

Grande parte dos profissionais que não alcançam o sucesso peca exatamente neste ponto, a venda de produtos em que não acreditam. Esse fator gera grande insegurança, já que de forma involuntária a mente do vendedor o impede de abordar o cliente com convicção, por melhor que seja seu discurso.

3) MANTENHA A META EM MENTE E NO CENTRO DO ALVO

Sua meta é aumentar a performance de vendas? Então foque no processo que desenhou diariamente. Uma ótima forma de trabalhar este exercício é através de pequenos lembretes para sua mente.

Escreva em diversos bilhetes frases como "Eu posso vender mais" e cole em lugares que terá acesso no decorrer do dia. Ao lado da cama, no carro ou dentro da carteira, não importa. O segredo é deixá-los à vista para que sua mente se lembre diariamente que você pode e <u>vai</u> melhorar.

4) TRABALHE ARDUAMENTE

> "Não há nada que substitua o trabalho árduo".
> (Thomas Edison)

Seja nas vendas, ou em qualquer outra questão da vida, o sucesso é resultado de força de vontade somada ao trabalho árduo e diário. O profissional que souber utilizar esses dois comportamentos em conjunto, já é considerado um vencedor.

Percebeu quão valioso é trabalhar o poder de sua mente para alcançar o sucesso?

E se em algum momento você desanimar, adote como terapia a leitura de "Filosofia do Sucesso", do escritor Napoleon Hill:

"Se você pensa que é um derrotado, você será derrotado. Se não pensar 'quero a qualquer custo!', não conseguirá nada. Mesmo que você queira vencer, mas pensa que não vai conseguir, a vitória não sorrirá para você. Se você fizer as coisas pela metade, você será fracassado. Nós descobrimos neste mundo que o sucesso começa pela intenção da gente e tudo se determina pelo nosso espírito. Se você pensa que é um malogrado, você se torna como tal. Se almeja atingir uma posição mais elevada, deve, antes de obter a vitória, dotar-se da convicção de que conseguirá infalivelmente.

A luta pela vida nem sempre é vantajosa aos fortes nem aos espertos. Mais cedo ou mais tarde, quem cativa a vitória é aquele que crê plenamente: 'Eu conseguirei!'"

O QUE 68
TODA VENDA DEVE SEGUIR UM PROCESSO QUE NÃO DEVE SER UM TRILHO, MAS UMA TRILHA!

COMO 68

Um vendedor de alta performance, quando não tem um modelo de atendimento para seguir, se perde durante o processo de compra do cliente.

Se você trabalha com B2B, ou seja, com vendas de empresa para empresa, essa necessidade se amplia, pois o comprador tem que seguir um processo de compras. Além do mais, você tem que desenvolver a habilidade de identificar quem são os decisores, os compradores, os usuários e os solicitantes.

O solicitante é aquele que solicita determinado produto, matéria-prima ou insumo para compras.

O usuário é sempre quem irá utilizar, de fato, aquilo que você vende.

Os compradores, normalmente, ocupam o cargo de comprador, enquanto que os decisores são os que tomam a decisão final no momento da compra.

Pode ser que esses papéis sejam acumulados por alguns indivíduos.

Quanto melhor seu processo de vendas for desenhado, mais efetividade nas vendas você terá.

Você pode criar seus processos ou adaptar os existentes na empresa; o importante é adotar um!

Se você trabalha com vendas B2C, ou seja, direto ao consumidor final, desenvolva seu fluxo de atendimento para que você tenha uma trilha de raciocínio da venda. Quando você tem uma, você pode melhorá-la com frequência.

Como você pode fazer isso?

Com duas ferramentas incrivelmente simples!

Uma dessas ferramentas é um plano individual, onde criará, em um quadrante, um plano de desenvolvimento individual que conterá o que deseja iniciar, o que deseja continuar a fazer e o que deseja parar de fazer.

A segunda é o ciclo PDCA de melhoria, no qual planejará melhor o que fará, fará o que precisará ser feito, checará os pontos de atenção e fará a comparação do ciclo PDCA com o plano individual para agir em ações corretivas constantes.

Duvido de que você não fique melhor em vendas, caso faça isso de modo rotineiro.

Ressalto que não há uma dica nesse livro que lhe servirá, se você não quiser aprender e alterar comportamentos.

A atividade de vendas é um processo, e dependendo da situação que se tem, ele pode e deve ser adaptado, melhorado.

O QUE 69

O VENDEDOR DE ALTA PERFORMANCE DEVE SE COMPARAR A UM MALABARISTA: COM DESTREZA E UMA HABILIDADE INCOMUM, MANTÉM TODOS OS MALABARES NO AR.

COMO 69

Vai me dizer que você precisou vender uma vez apenas, para um cliente?
Nós, vendedores, temos que fazer a mesma venda por, pelo menos, duas vezes!

Sim! Isso porque, muitas vezes, vendemos para o cliente e depois para nosso gerente; vendemos para o cliente e para os caras da logística; vendemos para o cliente e para o pessoal do crédito e assim vai.

Manter os pratos no ar, todos ao mesmo tempo, rodando, têm que ser uma habilidade do vendedor.

E quanto mais hábil você for mais sucesso terá. Não adianta ficar com "mimimi", pois isso é para os fracos.

Um vendedor de alta performance tem "sangue nos olhos", você se lembra? Ou seja, foco na solução, não no problema.

Como você pode fazer isso da melhor forma possível?

Desenvolvendo cada vez mais sua inteligência emocional e se conhecendo para conhecer melhor os outros, também.

Caso queira fazer um teste muito legal e rápido, digite no Google 16 personalidades e faça o seu MBTI. Será legal, você vai ver!

O QUE 70

MAIS ALGUMAS ETAPAS IMPORTANTES DA VENDA DE ALTA PERFORMANCE: SONDAGEM, EXPERIMENTAÇÃO E FECHAMENTO.

#

COMO 70

Como já disse na descrição de outra dica, a venda tem um processo composto por oito etapas.

Mas esta dica é um atalho. Sim, um atalho para fazer vendas mais rápidas sem perder a qualidade delas.

Utilizando esses três passos – sondar, experimentar e fechar – você poderá ampliar suas vendas rapidamente.

Se souber sondar seu cliente, ou seja, descobrir as reais necessidades dele, frente a frente, por meio de perguntas muito bem elaboradas previamente, você perceberá qual a melhor oferta para ele.

Dessa forma, poderá colocá-lo para experimentar aquilo que faz sentido a ele por atender as necessidades dele. Mas, sempre se lembre: o cliente, normalmente, não sabe o que quer nem o que procura (leia mais na dica final). Então, empenhe-se para conhecer profundamente seus produtos e serviços, pois o especialista deve ser você: seu cliente não pode saber mais do que você sobre seus produtos e aplicabilidades.

Por fim, foque no fechamento da venda. Tem vendedor que é muito compassivo e relacional, de modo que se esquece de ser transacional.

Desenvolva técnicas rápidas para o fechamento de uma venda. Por exemplo, crie momentos "ta daaa".

Como você pode fechar vendas rapidamente?

Uma maneira é ter em mente argumentos e técnicas rápidas, do tipo:

Você prefere ficar com o verde ou com o azul?

Você sabia que mais de 90% das pessoas optam por este modelo?

Leia as 15 declarações a seguir sobre fechamento e tique nas caixas que representam sua opinião.

Siga as instruções ao final da escala para calcular e interpretar sua pontuação.

	Discordo fortemente	Discordo	Não condordo nem discordo	Concordo	Concordo fortemente
1. Fechamento é uma técnica que está no processo de vendas que é poderosa para aumentar vendas.	1	2	3	4	5
2. Forçar o fechamento da venda o tempo todo durante o processo reduz suas chances de sucesso.	1	2	3	4	5
3. Para melhorar a efetividade em vendas é importante conhecer técnicas variadas de fechamento.	1	2	3	4	5
4. O prejuízo é frequente quando se tenta fechar a venda logo no início do processo de vendas.	1	2	3	4	5
5. O fechamento ruim é a causa mais comum da perda das vendas.	1	2	3	4	5
6. A probabilidade de compra de um cliente reduz drasticamente quando reconhece que você está usando alguma técnica de fechamento.	1	2	3	4	5
7. Não é possível fechar com muita frequência quando se vende.	1	2	3	4	5
8. Técnicas de fechamento não funcionam com compradores profissionais.	1	2	3	4	5
9. No processo de vendas, o correto é sempre fechar.	1	2	3	4	5
10. É seu desempenho no início processo de vendas, e não sua técnica de fechamento, que determina se o cliente compra ou não.	1	2	3	4	5
11. Você deve tentar fechar todas as vezes em que identifica um sinal de compra.	1	2	3	4	5

12. No momento em que você encontra o comprador, deve agir como se já estivesse com a venda fechada.	1	2	3	4	5
13. Se um cliente resiste à sua tentativa de fechamento, então é sinal de que você deve adotar um comportamento mais incisivo.	1	2	3	4	5
14. Não importa quanto sejam boas outras técnicas, você nunca conseguirá vender sem boas técnicas de fechamento.	1	2	3	4	5
15. Usar técnicas de fechamento no início da venda é uma maneira certeira de entrar em antagonismo com os clientes.	1	2	3	4	5

Calcule sua pontuação

Para calcular sua pontuação, pegue todos os números (entre 1 e 5) marcados em cada uma das 15 caixas e some-os.

Na teoria, uma pontuação de 45 pontos indica neutralidade. Uma pontuação mais alta mostra uma atitude positiva em relação ao fechamento, enquanto que uma pontuação mais baixa mostra uma atitude negativa.

Na prática, a maioria dos vendedores tem uma pontuação um pouco acima de 45, e mostramos esse limite em nossos estudos para explicarmos que uma pontuação acima de 50 demonstra uma atitude favorável quanto ao fechamento.

O que significa a pontuação?

A eficácia das técnicas de fechamento depende muito do tipo de venda que se faz. Se o seu negócio envolve bens e serviços de baixo valor, clientes não exigentes e a relação pós-venda com cliente, então 50 pontos significam uma atitude favorável ao fechamento. Contudo, se o seu negócio envolve vendas maiores ou complexas, clientes exigentes e relação contínua no pós-venda, 50 pontos significam mais prejuízos do que benefícios.

O QUE 71

O GESTOR DEVE TER CAUTELA AO TERCEIRIZAR SUA FORÇA DE VENDAS. ISSO PORQUE HÁ MAIS DESVANTAGENS DO QUE VANTAGENS NA TERCEIRIZAÇÃO, E A PRINCIPAL DESVANTAGEM É A FALTA DE LEALDADE.

COMO 71

Têm gestores que gostam de terceirizar a força de vendas, mas eu não concordo, pois isso não "dá liga": o vendedor não se sente parte do negócio.

Certa vez, tive que montar uma equipe nacional de vendas para uma empresa que não era de grande porte, mas que tinha atuação nacional.

Meu maior desafio em um dos modelos comerciais dos três que criei (representantes, vendas internas e digitais) foi o canal de representantes.

Eles são vendedores solitários, têm negócio próprio e motivações distintas.

Se você é gestor comercial e está pensando em criar uma equipe de vendas terceirizada, você deve se concentrar em gerar senso de pertencimento para os vendedores e também se esforçar ao máximo para que eles tenham confiança em você, em sua empresa e seus produtos.

Assim, logo você será a primeira pasta desse pessoal.

O QUE 72
UM VENDEDOR DE ALTA PERFORMANCE CUIDA PRIMEIRO DO CLIENTE E DEPOIS DOS PRODUTOS.

COMO 72

O cliente deve ser o centro. Sam Walton, que foi o fundador do Walmart, companhia que, em matéria divulgada pela Exame de julho de 2016 e elencada pela Fortune, foi considerada a maior empresa do mundo, com receita de US$ 482,13 bilhões, lucro US$ 14,69 bilhões e ativos US$ 199,58 bilhões, terminava seus discursos de inauguração das lojas com uma frase espetacular:

"O cliente é o centro da atenção: ele pode mandar embora da faxineira ao presidente, simplesmente ao levar seu dinheiro para gastar em outro!" Hoje, nós temos o conceito *omnichannel*, que significa múltiplos canais com uma experiência contínua. *Omni* vem do latim e significa tudo, universal, algo capaz de englobar várias possibilidades e variáveis.

Ele meio que se sobrepõe ao conceito de *multichannel*, no qual *channel* caracteriza qualquer plataforma que trabalha com mais de um canal, e também do *crosschannel*, que é considerado como uma evolução do *multichannel*, como uma forma de interação entre esses canais que ajuda a suavizar a experiência de usuários, pois mais de um canal é usado para a mesma transação. Assim, os canais deixam de ser concorrentes e se tornam complementares.

O conceito *omni* reflete uma ideia central que é utilizar todos os canais de comunicação – telefone, web, chat, presencial, sites, lojas, etc. – para atrair, vender e fidelizar os clientes em uma experiência de compra.

A experiência deve ser, é e será sempre do cliente. Assim, manter o cliente no centro das atenções deve ser uma obrigação, não uma estratégia com aplicações táticas, como hoje ocorre. Deveria fazer parte da essência, do foco e da missão, como ocorre na maior companhia do mundo.

As ferramentas disponíveis devem ser apoiadoras das vendas.

Mais para frente, você verá o que eu batizei de o "círculo de platina de vendas de alta performance", onde faço uma inversão simples para provocar a reflexão sobre o atendimento aos clientes com foco na descoberta de suas motivações de compra.

Com o conceito *omni* fica fácil apoiar essa ação de vendas, pois as várias ferramentas e mecanismos disponíveis para manter o cliente no centro das atenções são, certamente, importantes.

O QUE 73
NO MERCADO COMPETITIVO ATUAL É NECESSÁRIO CORRER MAIS RÁPIDO PARA SE MANTER, MUITAS DAS VEZES, NO MESMO LUGAR.

COMO 73

Se sua equipe de vendas justifica que a queda nas vendas está relacionada ao preço, faça com que todos parem de falar sobre preço, pois, quanto mais falarem, mais ele cairá.

Um vendedor de alta performance deve ser o último a se preocupar com preço, pois o cliente potencial apresenta 50% de chances de dizer que vai pensar e 50% de chances de dizer que vai comprar.

Não estou dizendo que o preço não é fator decisório para compra. Ao contrário: ele é e sempre será, mas não é o único fator.

Como se diz por aí, "o mercado não é do maior, mas sim do mais rápido".

Tenho minhas reservas em razão dos meus problemas com ditados populares.

Olhe só: diz um ditado que "água mole em pedra dura tanto bate até que fura"!

Ah, fale sério! Se fosse verdade, o centro da Terra já teria esfriado, e o planeta, por sua vez, extinto, pois as Cataratas do Niágara e as do Iguaçu teriam provocado isso.

Em muitos mercados têm que ser grande e rápido. Em outros, principalmente de serviço puro, deve-se ser mais rápido. Mas, em todos há necessidade de ser mais efetivo a cada dia e essa efetividade está ligada à maior eficácia e eficiência constante; é um ciclo de melhoria contínua.

O QUE 74
VENDER É DESENVOLVER MAIS A CADA DIA A CAPACIDADE DE ARGUMENTAÇÃO.

#

COMO 74

O bom vendedor conhece o produto e suas vantagens.
Se você não sabe construir, treinar e aplicar perguntas poderosas, esqueça, pois não terá um sucesso significativo em vendas; você não será um vendedor de alta performance!

Argumentar não é ter um banco de respostas prontas para o cliente, até porque o que ele espera é gente pronta para resposta e não gente com respostas prontas!

Se você quer melhorar em vendas, saiba que precisa desenvolver a capacidade de fazer perguntas.

Mude seu comportamento: fale menos e ouça mais!

Um vendedor de alta performance é metade introvertido e metade extrovertido!

O QUE 75
NÃO CONSIGO SER/FAZER TUDO QUE GOSTARIA, MAS TENHO COMO SER/FAZER TUDO O QUE POSSO, COM TODOS OS RECURSOS QUE TENHO DISPONÍVEIS.

\#

COMO 75

Essa dica é para falar um pouco sobre o máximo que você pode dar a cada dia para se melhorar.

Sabe, as melhorias ocorrem aos poucos. Conheço muita gente que desiste fácil porque quer mudar da água para o vinho, o que foi o primeiro milagre de Jesus.

Cara, na boa: não dá! (a não ser que você se converta radicalmente em algo ou para alguma religião). Caso contrário, vai exigir mudança de comportamento.

A frase desta dica é, para mim, uma definição da palavra excelência.

Se você quer ter excelência em vendas, utilize tudo que você tem disponível no aqui e agora, tanto ferramentas quanto conhecimentos, pois amanhã será outro dia e você, provavelmente, estará ou será melhor!

O QUE 76

MOTIVAR A EQUIPE É IMPORTANTE, MAS INVESTIR NO CRESCIMENTO INTELECTUAL, TÉCNICO E ÉTICO TRAZ RESULTADOS MAIS EFETIVOS E GERA MAIS LUCROS.

#

COMO 76

Um verdadeiro líder, em minha opinião, inspira e ensina o tempo todo!
Se você é ou quer ser um verdadeiro líder para sua equipe de vendas, seja capaz de fazê-la crescer e se desenvolver para que seus integrantes se tornem melhores como seres humanos e como vendedores.

Equipes vencedoras têm três características básicas: compartilham o conhecimento, compartilham a liderança e têm atitude de inclusão.

Um líder de ponta, de alta performance, que quer ter uma equipe assim, tem que utilizar a técnica TBC (Tira a Bunda da Cadeira).

Peter Drucker dizia que um bom chefe faz com que homens comuns façam coisas incomuns.

Há, também, um provérbio africano que diz que gente simples, fazendo coisas pequenas, em lugares pouco importantes, consegue mudanças extraordinárias.

Eu tenho minha tradução para a técnica TBC. Um líder de alta performance age da seguinte forma, quando quer transformar sua equipe em um time de alta performance:

Eu faço e você me vê fazendo; eu faço e você faz comigo; posteriormente, você faz e eu faço com você; por fim, você faz e eu vejo você fazer. Sabe por que razão muitos gestores não fazem isso? Porque dá trabalho!

Jack Welch, que foi o grande líder da GE, fazia isso até nas linhas de produção.

Louis Gerstner, que salvou a IBM da falência, fazia isso, mas demorou anos para mudar o *drive* de um time de viciados em autoestima e ego inflado.

Cansei de ver líderes contratarem pessoas e deixá-las sozinhas em campo porque elas possuem "experiência". Quem disse que é assim que se faz?

Contratei muitos vendedores, no Brasil, que me disseram ter experiência. Quando fui observá-los em campo, percebi rapidamente que faltavam muitas técnicas a eles e conhecimento sobre os produtos a serem vendidos.

Este papo que vendedor vende qualquer coisa é furado! Um vendedor de alta performance pode vender qualquer coisa desde que conheça o mercado de atuação, as necessidades dos clientes, os produtos do mix e tenha técnicas, com uma caixa de ferramentas parruda.

Caso contrário, o "VENDEDORZÃO" vai sair falando, falando e falando na tentativa de convencer e converter o foco do cliente para si.

>>>>>>>>>>>>>>>>>>>

O QUE 77

O GESTOR DE VENDAS DEVE SER O RESPONSÁVEL POR GARANTIR QUE SEU TIME SAIA VITORIOSO. DESSA FORMA, DEVE DISPONIBILIZAR INFORMAÇÕES PARA TAL.

COMO 77

nformação é poder, mas, em vendas, quando ela não é compartilhada de maneira constante pelo líder, perde sua força rapidamente e não o ajuda a vender mais.

Hoje, vivemos o que tem sido chamado de mundo V.I.C.A, um acróstico herdado da área militar. Suas iniciais significam, respectivamente: Volátil, Incerto, Complexo e Ambíguo.

Ele é volátil porque se refere à natureza dinâmica da mudança, sendo que toda mudança gera desconforto. A velocidade das forças inconstantes que provocam a mudança e seus catalisadores também está ligada à volatilidade do mercado e das vendas.

O mundo e o mercado também estão incertos, pois existe uma falta de previsibilidade.

Um bom gerente de vendas deve ficar atento não só às probabilidades de surpresa, mas também ter senso de perplexidade e hesitação para compreender melhor questões e eventos que impactam os setores das empresas e o mercado como um todo.

O mercado e o mundo também enfrentam uma complexidade múltipla que gera o caos no ambiente organizacional.

O mundo também é ambíguo porque está cada vez mais difícil sair do estado de turvação da realidade.

Assim sendo, se você é ou quer ser um gestor de alta performance em vendas, deve desenvolver e trabalhar a capacidade de análise mercadológica, utilizando ferramentas e matrizes de análises simples e poderosas para auxiliar e suportar sua equipe de vendas, com objetivo de alcançar metas desafiadoras.

Note que não basta comunicar as metas para seu time: você é responsável direto no apoio para cumprimento das metas.

```
         ^
         |    ┌─────────────────────┐
         |    │ METAS DESAFIADORAS  │
    Tempo|    └─────────────────────┘
         |    ┌─────────────────────┐
         |    │ METAS SATISFATÓRIAS │
         |    └─────────────────────┘
         |    ┌─────────────────────┐
         |    │ METAS DE VALOR MÍNIMO│
         |    └─────────────────────┘
         └──────────────────────────>
                    Aprendizado
```

Fonte: Zanutim (2016).

O bom gestor tem que saber que, para atribuir à sua equipe metas mais desafiadoras, ele deve manter o time em constante aprendizado e considerar o tempo como aliado.

Você verá que um time de alta performance mantém excelentes resultados e uma elevada competência por seu grau de comprometimento e engajamento. Além disso, ele está realmente alinhado com os objetivos, valores e visão da companhia, independentemente de seu porte ou tamanho, e que, ao mesmo tempo, ele tem riqueza, diversidade e multiplicidade de conhecimentos, além de habilidades, bagagens, opiniões e ideias.

Creio que aqui, nessa dica, eu lhe dei um grande "como" para você se tornar um verdadeiro líder e ter sucesso em vendas com seu time.

Agora só dependerá de você!

O QUE 78
UM VENDEDOR DE ALTA PERFORMANCE TEM QUE SABER CRIAR VALOR EM SUA VENDA E SAIR DA BRIGA POR PREÇOS.

COMO 78

Quero começar esta dica com uma história que li e retirei do livro Inteligência Emocional nas Vendas, de Jeb Blount, um livro incrível que você não pode deixar de ler!

O trecho conta a história da abordagem do saco de compras, que aconteceu assim:

"Quando tinha 23 anos e estava iniciando a sua carreira em vendas, Art aprendeu uma lição valiosa de Joe – o vendedor lendário que foi seu gerente de vendas. Art vinha tentando convencer a Padaria Colaizzi a adquirir caminhões para a sua frota de entrega. Mas o Sr. Colaizzi, dono da padaria, disse que a proposta de leasing de Art não era competitiva.

Art tentou convencer Colaizzi de que, apesar do preço mais elevado, a sua padaria se beneficiaria do valor agregado de ter realmente bons caminhões. Colaizzi não estava convencido. Para ele, todos os leasings de caminhões eram os mesmos. Art explicou o problema para Joe, que o levou ao supermercado local e encheu um saco de compras. Em seguida, eles foram visitar Colaizzi. Durante a conversa, Joe reconheceu que as suas taxas de leasing eram mais altas e explicou: "Eu vim aqui para entender melhor". Colaizzi foi atencioso, mas explicou que as taxas eram muito mais elevadas do que os preços dos concorrentes. A menos que baixassem, Colaizzi não teria mais nada para discutir.

> **"Um profissional de vendas precisa entender como as emoções dominam e impulsionam as decisões de compra; isso é fundamental para turbinar o seu rendimento e fazer avançar a sua carreira."**

Joe tirou dois pães do saco de compras e os colocou sobre a mesa de Colaizzi. Ele pediu ao dono da padaria que dissesse qual a diferença entre o pão da mercearia e pão da padaria, que custava quase três vezes mais. Animado, Colaizzi se levantou e listou apaixonadamente as virtudes do seu pão. Ele explicou que a sua padaria utilizava ingredientes melhores e mais frescos, além de contar com um processo superior e uma receita especial de família. Após 10 minutos ouvindo o padeiro enaltecer o seu produto, Joe disse: "Sr. Colaizzi, é exatamente isso que estamos tentando lhe dizer sobre nós. Somos o pão Colaizzi dos leasings de caminhões!" Colaizzi sorriu e apertou a mão de Joe com entusiasmo. Ele concordou em fechar negócio com Art e Joe. Estes eventos ocorreram há muitos anos."

O preço sempre será um fator de decisão de compra, mas, como disse antes, nunca será o único.

Vendedores de alta performance têm que preparar argumentações para superar as objeções. Caso contrário, sempre serão vencidos pelos clientes.

Você leu, na história, um grande "como" fazer as coisas de forma diferente e superar a objeção cética.

A criatividade estimula a inovação, a cooperatividade faz acontecer e a "umbigolatria" atrapalha tudo!

Você pode reler a dica 61 para trabalhar melhor a superação das objeções.

O QUE 79

APÓS PLANEJAR A ESTRUTURA DE VENDAS, O GERENTE DEVE FOCAR NAS CARACTERÍSTICAS DO MERCADO E DO PRODUTO COM O QUAL A EMPRESA TRABALHA.

COMO 79

Um bom líder é capaz de reconhecer que quem bate as metas é a equipe. Assim, cabe a ele a função de fornecer conhecimento, de cobrar e de incentivar as pessoas.

Um gestor competente de vendas tem que saber transformar dados em informações e estas em informações relevantes para o negócio!

É o tipo de gente que dá um caminho, uma direção para sua equipe, ao fazer as coisas não por ela, mas COM ela.

O planejamento do *forecast* do próximo ano tem que ficar pronto com dois meses de antecedência. Por isso, conhecer ferramentas de análise de mercado, a matriz SWOT e correlações é importante, se você é ou quer ser um bom líder de equipes vencedoras, que querem devolver habilidades e competências essenciais para ensinarem e inspirarem o tempo todo.

O QUE 80

O COMPRADOR OU O CLIENTE GOSTA DE VOCÊ? REALMENTE GOSTA DE VOCÊ?! ESSE É, REALMENTE, UM GRANDE "O QUE", NÃO É?

COMO 80

O que seu cliente pensa de você, enquanto você tenta vender para ele?
Escutar é muito mais importante do que ficar falando na orelha do cliente. Enquanto você fala e fala, o comprador decide se irá ou não confiar em você, comprar de você e gostar de você.

Venda é relacionamento e eu digo sempre que as pessoas compram das pessoas, mas, principalmente, daquelas que elas gostam. Compreender e se preocupar com seus clientes faz toda a diferença, pois eles percebem.

Quer alguns "COMOs" para fazer isso?

1. Sorria! O sorriso "abre portas" e causa uma primeira impressão positiva.
2. Cuidado com o modo de falar e com o tom de voz! A maneira de falar e o tom de voz devem ser amigáveis e o ritmo deve ser o mesmo do cliente. Nada de expressões e sotaques regionais, pois apenas geram falta de empatia; trabalhe para eliminá-los!
3. Dose a sinceridade! Sinceridade demais não faz bem quando se torna grosseria e afasta os clientes. Ter um comportamento digno é bom.
4. Tenha *Dress Code*! Uma boa vestimenta permite que você não sabote o seu sucesso! Vista-se bem sempre, com bom gosto e limpeza, o que não demanda uma fortuna. Se você é mulher, nada de sainha ou blusinha no momento de bater meta.
5. Cuide-se por completo! Barba bem-feita, unhas apresentáveis e cabelos cortados não fazem mal a alguém.
6. Esteja presente com seu corpo, alma e mente no encontro! O celular pode ser um sabotador do contato e *rapport* com seu cliente. Mantenha a sua mente no comprador diante de você; ele merece a sua atenção!

7. Use esse *rapport* ao seu favor! Afinal, as pessoas gostam de quem se parece com elas!
8. Comunicação não é o que você fala, mas sim o que o outro entende! Portanto, fale como falam os seus compradores: utilize as mesmas palavras, jargões e abordagens!
9. Potência é muito importante! Então, demonstre motivação, entusiasmo, evidencie sua paixão! As pessoas amam se relacionar com quem tem energia!
10. Seja confiante, mas não arrogante! O pensamento positivo ajuda muito durante a venda. Costumo dizer que o sim você já tem, basta esforçar-se para mantê-lo.

O ser humano gosta de reconhecimento., Então, para mostrar que os seus compradores são importantes para você, lembre-se dos nomes deles, mencione algo pessoal sobre eles e demonstre que você respeita os seus pontos de vista.

Digo sempre que a principal necessidade do ser humano é ter razão.

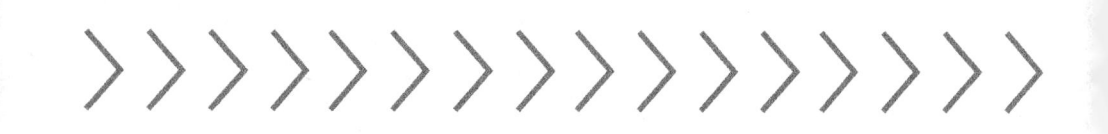

O QUE 81

CADA VENDA, CADA VISITA E CADA ATENDIMENTO SÃO ÚNICOS. PORTANTO, APRENDA A NÃO PERDER OPORTUNIDADES DIANTE DE SEUS CLIENTES.

#

COMO 81

Como disse em uma dica anterior, um bom vendedor tem que se preocupar com um tripé de agentes essencial de atendimento:

O ambiente; ele sabe que o ambiente muda a cada venda.

O cliente; cada um tem necessidades distintas em situações diferentes.

O último agente do tripé é **você, vendedor!** Conhecer-se é fundamental, bem como reconhecer que está constantemente em estado de evolução, o que o fará perceber que, em hipótese alguma, poderá atender da mesma forma pessoas diferentes em locais diferentes, pois isso não gera vendas maiores e melhores.

Fique ligado: quando você muda, o ambiente se altera e o cliente também muda.

Eu já perdi muitas oportunidades na vida, algumas bem marcantes, e posso dizer algo: elas não voltam mais.

Inclusive, tem um ditado que diz que a flecha lançada, o vento soprado, a palavra proferida e a oportunidade são coisas que não voltam.

Creio que o segredo está em uma gama de fatores que devem ser analisados.

Esses fatores são: seu estado emocional, o mercado, suas ferramentas, suas habilidades e conhecimentos para tomar a decisão certa.

Outra coisa que aprendi é que a decisão certa é aquela que tomei naquele momento e naquele cenário. O importante foi tomar uma decisão!

Você pode até chegar à conclusão de que decidir por não decidir também pode ter ser uma ótima decisão.

Somente o tempo pode dizer se você aproveitou bem uma oportunidade ou se era uma ameaça disfarçada de oportunidade.

O fato é que tudo depende mesmo de você.

O QUE 82
OUVIR É UM DOS ASPECTOS MAIS IMPORTANTES DO PROCESSO DE VENDAS. INFELIZMENTE, É UMA DAS HABILIDADES MAIS FRACAS EM UM PROFISSIONAL EM VENDAS.

#

COMO 82

Penso que definir o sucesso é uma tarefa muito complicada, porque está relacionada ao que queremos da/para a vida. Se o vendedor de hoje não for altamente treinado, estará fadado ao fim da carreira.

A maneira como agimos é muito mais importante do que a maneira que falamos agir. Então, para desenvolver a escuta ativa, seja focado e motivado pela situação do outro para observar atentamente tudo o que seu cliente ou futuro cliente demonstra de forma verbal e não verbal.

Deixe, inclusive, que ele termine suas frases e trate de seguir atentamente o raciocínio dele. Outra coisa: identifique a questão central em causa e mantenha uma atitude positiva e focada na solução dele, pois, para ele, isso é muito importante. Lembre-se mais uma vez: o foco é o cliente!

Por fim, estruture sua escuta da seguinte forma: como o ser humano gosta mais de falar do que de escutar, encoraje, constantemente, seu cliente a falar; em seguida, esclareça o que você escutou, e, por fim, sintetize tudo para fazer uma reflexão acerca do que ouviu.

O QUE 83
FAÇA *FOLLOW-UP* ATÉ DOIS DIAS APÓS SUA APRESENTAÇÃO. CASO CONTRÁRIO, SEU CONCORRENTE FARÁ!

COMO 83

Não largue seu cliente, ou, nesse caso, seu *prospect*. Todos querem atenção. Contudo, tenha cuidado também para não se tornar o "chato de plantão".

Você tem que saber lidar com situação de procrastinação por parte do cliente.

Quando estiver em situação de procrastinação, tem que fazer o máximo para descobrir por quais razões ele não responde ou "empurra com a barriga".

Fazer um *follow-up* decente deve ser parte do plano de prospecção de um vendedor de alta performance, seja em uma planilha ou em um sistema CRM, como o Salesforce.

Não fique esperando os outros para fazer seu trabalho; o bom vendedor sabe que 90% dos resultados depende dele mesmo!

Creio que o "pulo do gato" está em como você finaliza sua reunião ou apresentação. Para que você possa *fazer follow-up* antes de sua concorrência, deixe alinhado com *o prospect* ou cliente, ao final da reunião, que você retornará para ele em até 24 horas para saber como andaram as coisas.

Quando o cliente sabe o que você pretende fazer, você evita o efeito da surpresa. Além disso, aciona um gatilho mental nele relacionado ao comprometimento. Pois, quando ele concorda em receber uma ligação sua no prazo de 24 horas, é porque reservará tempo para ela.

O QUE 84
DE NADA ADIANTA OFERECER PRODUTOS OU SERVIÇOS QUE NÃO ATENDEM AS EXPECTATIVAS DOS CONSUMIDORES.

#

COMO 84

Além do mais, eles devem ser cativados pela divulgação e promoção antes da oferta. Caso contrário, a empresa só recebe agradecimentos e não consegue transformar a força da ação em vendas efetivas e lucrativas. E isso, provavelmente, traz prejuízos e aumento de estoque, bem como o aumento gradual dos custos das mercadorias, o que pode gerar uma queima de estoque para saldar dívidas de investimentos com fornecedores.

Profissionais em vendas devem ser solucionadores de problemas ao focarem na satisfação das necessidades de seus consumidores ativos e potenciais.

Devem desenvolver uma preocupação efetiva e uma responsabilidade constante sobre os processos e procedimentos da empresa onde trabalha.

Tem que ser multifocal: um na empresa onde trabalha e outro nos relacionamentos duradouros.

Quando um vendedor só tem o foco em si, ele é "umbigólatra", o que o leva a desenvolver características de vendedores de baixa performance.

Vendedores de alta performance são focados em resultados múltiplos e formadores de relacionamentos; sabem que é necessário resolver problemas de seus clientes, negociar de forma efetiva e promover resultados significativos para todos.

Esses vendedores são os malabaristas.

O QUE 85

AQUELE QUE DESEJA SER UM PROFISSIONAL EM VENDAS DEVE SE CAPACITAR PARA BUSCAR COMPETÊNCIA NO QUE FARÁ. COMO TODA A PROFISSÃO, VENDER EXIGE ESTUDO, TREINO, TRABALHO E DEDICAÇÃO CONSTANTES.

#

COMO 85

Certa vez, estava em uma gigante da segurança dando uma palestra, e no segundo dia, quando estava a caminho do auditório, me veio à cabeça a vontade de falar para eles sobre dedicação.

Logo que cheguei, pela manhã, escrevi assim:

Se sua tolha não ficar completamente molhada durante a semana, certamente o jogo do final de semana não será bom!

É uma pena que existam vendedores tão despreparados que, como em toda e qualquer profissão, mancham a reputação da "raça"!

Está mais do que na hora de molhar a tolha, de treinar e de se capacitar diariamente, buscando novas técnicas, novos métodos, novos conhecimentos para aprimorar e aumentar suas vendas.

Está mais do que na hora de mostrar para todo o mercado que ter orgulho de ser vendedor é provar que vendemos o tempo todo!

Neste momento, estou em um voo para São Paulo.

Em minha entrada no avião, o que ocorreu em Manaus, fui muito mal atendido por uma comissária, que se mostrou uma péssima vendedora da imagem, da marca, do serviço e da empresa na qual ela trabalha, que é a Latam.

Será que ela não sabe que muitas empresas, tais como a Varig, a Vasp, a Transbrasil e a gigante Pan Am faliram?

Pessoas (maus vendedores) perderam seus empregos porque as pessoas não quiseram mais os serviços das companhias onde elas trabalhavam. Claro que houve erros e falhas na gestão, também. Não posso deixar de falar isso: atendimento ruim também é uma falha de gestão, de treinamento e de desenvolvimento.

Para melhorar o atendimento, é essencial treinar as equipes o tempo todo. Nesse exemplo que vivi desde o pessoal do check--in até o pessoal da tripulação deveria ter recebido treinamento. Todos devem ser vendedores, pois o que importa é a presença do cliente.

É preciso compreender que toda profissão tem a venda como sua essência. Afinal, não adianta produzir algo e servir algo se não há um consumidor/comprador a quem oferecer.

Se em um consultório médico, por exemplo, o pessoal da recepção não sabe vender, o paciente vai para outro. Assim também ocorre se o médico não sabe vender. Já passou por um médico que lhe examinou por cinco minutos e diagnosticou uma virose? Onde estava a anamnese?

O QUE 86

NEGOCIAÇÃO IMPLICA EM UMA SOLUÇÃO, NÃO EM DERROTA OU VITÓRIA. OS BONS VENDEDORES TRABALHAM EM CONJUNTO PARA ATENDEREM E SATISFAZEREM A UMA NECESSIDADE LATENTE.

#

COMO 86

Quer melhorar sua habilidade de negociação em vendas? Então deixe-me dar a você uns "COMOs" aqui.
Como venho dizendo, eu quero propor nesse livro muitos "COMOs" para o monte de "o QUEs" que existem por aí.

Primeira coisa que você tem que saber é diferenciar posições de interesses, nas relações de vendas.

Uma posição sempre é composta por questões mais explícitas emitidas durante o processo da venda, como, por exemplo, o foco no preço de venda e de compra o tempo todo. Quanto aos interesses, estão sempre em uma região mais implícita, como, por exemplo, as razões pelas quais alguém gostaria de comprar algo, seus motivadores de compra.

Você pode fazer a verificação das posições e dos interesses criando uma lista prévia sobre suas posições e seus interesses na reunião e as prováveis posições e interesses do outro.

Você tem que definir as opções que irá gerar na reunião para aumentar a quantidade de alternativas disponíveis, fornecendo aos seus *prospects* ou clientes possibilidades de escolhas e vice-versa.

Minha sugestão é que você faça um levantamento das opções que o cliente teria em outros concorrentes e de suas alternativas para ele.

O QUE 87
PARA O BOM ANDAMENTO DOS NEGÓCIOS, UMA ALIANÇA É SEMPRE MELHOR DO QUE UMA PARCERIA.

#

COMO 87

O vendedor profissional foca em soluções para seus clientes, de modo que satisfaça as necessidades deles e crie valor.
Sabe? Eu já ouvi tantas vezes a palavra "parceria" no mercado! E não sei se acontece com você, vendedor, mas ela sempre acaba com maior ônus para o nosso lado. Já se ligou nisso?

Creio que um vendedor de alta performance deve buscar a construção de alianças. Isso porque uma aliança é mais duradoura.

Eu me lembro de que, na época de escola, eu tinha várias parcerias, mas nenhuma aliança.

Depois que me casei, eu fiz uma aliança que busca resultados em conjunto, alimenta sonhos e objetivos em comum.

Quando um vendedor busca construir alianças, ele investe em relacionamentos duradouros com seus clientes, nos quais há um trabalho constante para o atingimento de objetivos e metas em comum.

Construir aliança significa que você está no negócio do seu cliente e ele está em seu negócio, pois existe uma preocupação genuína quanto ao alcance de resultados satisfatório por ambos.

Quer melhorar sua performance em vendas? Construa alianças por meio das quais busque soluções para os problemas de seus clientes e reduções nos custos das compras deles, de forma a gerar valor para a empresa que você representa.

O QUE 88

CUIDAR DE GENTE SERÁ SEMPRE MUITO MAIS IMPORTANTE QUE CUIDAR DE PROCESSOS: UM BOM GESTOR DEVE SER CAPAZ DE ENTENDER QUE POR MELHOR QUE SEJA UM PROCESSO, ELE SÓ PODE SER BEM EXECUTADO COM E POR PESSOAS.

COMO 88

Certa vez, quando estava com um grupo de líderes em uma fazenda da Votorantim, na cidade Itaú de Minas, discuti fervorosamente sobre questões de liderança nas quais o foco é a pessoa, não o processo.

Lá é uma fábrica de cimentos calcários agrícolas e cal, muito eficiente e com um processo complexo de produção. Entretanto, o cuidado com as pessoas se fazia necessário para melhorar toda a performance produtiva e de vendas para sair da comoditização.

Então, me propus a desafiá-los a refletirem sobre como terem uma equipe de alta performance.

Ter em seu processo as pessoas certas, fazendo as coisas da maneira correta, faz toda a diferença!

Você pode até saber disso, mas o segredo está em como fazer, para o que deixarei algumas dicas:

Contratar é uma arte que deve se voltar para os comportamentos, não para as habilidades técnicas.

Devem compor a equipe pessoas com foco no serviço e na solução dos problemas dos clientes. Devem ser apaixonadas por vendas. Quer descobrir se elas o são? Pergunte a elas, no momento da entrevista, se fazem algo melhor do que vender mais e melhor! Além disso, devem ser pessoas que se automotivem e queiram crescer física, intelectual, emocional e espiritualmente.

O QUE 89
VENDEDORES DE ALTA PERFORMANCE NÃO SÃO DESLEIXADOS NA ADEQUADA QUALIFICAÇÃO DE SEUS CLIENTES E *PROSPECTS*.

COMO 89

O fato é que muitos vendedores não sabem a hora certa de fazer essa qualificação, que deve ocorrer logo após os primeiros contatos com os clientes potenciais ou logo após a demonstração de produtos e serviços que podem servir como solução para as necessidades dos clientes potenciais.

Mas tenha muito cuidado, pois qualificar antes de qualquer tipo de "ralação" pode parecer abrupto demais e mostrar muita ansiedade. Inclusive, pode gerar comportamentos desconfortáveis nos clientes potenciais e travar relações futuras.

Qualificar os clientes potenciais na hora certa e da maneira correta faz com que o vendedor de alta performance decida entre duas boas direções possíveis:

– ficar com o cliente e seguir de modo sadio com o processo de vendas;

ou

– não ficar com o cliente e de forma muito elegante comunicar a decisão para seguir com foco em clientes importantes e potenciais.

O QUE 90

VENDER É UMA CAPACIDADE, UMA COMPETÊNCIA. LOGO, PODE SER PARA TODOS. MUITO SE FALA EM TÉCNICAS DE VENDAS, ENTRETANTO, FAZ-SE NECESSÁRIO QUE O LÍDER SEJA CAPAZ DE CAPACITAR, ORIENTAR E ACOMPANHAR SUA(S) EQUIPE(S).

#

COMO 90

Como disse, liderar é inspirar e ensinar as pessoas. Quantos gerentes comerciais agem com poder e pressão sobre suas equipes? Quantos trabalham com a ameaça? Quantos querem encorajar pelo terror?

Você que é ou quer ser um gestor de equipes de sucesso, deve pautar sua liderança em um tripé tático: comunicação, planejamento e gestão do tempo.

Comunicação é um processo de diálogo entre duas ou mais pessoas com o objetivo de buscarem o entendimento mútuo. Deve trazer algumas vantagens, como alinhar expectativas entre líder e liderados, além das seguintes:

- Informações trocadas sobre atividades e atitudes ajudam a melhorar o entendimento entre as pessoas envolvidas.
- Informações trocadas diminuem retrabalho da equipe referente ao alinhamento de expectativas e compreensão sobre o que deve ser feito.
- Trocar informações aumenta o vínculo de confiança: por meio da comunicação transparente entre os envolvidos, aumenta o conhecimento tanto do líder quanto dos liderados, de forma que a equipe passa a entender melhor o que a gestão espera e em que acredita.
- Trocar informações favorece a proximidade entre as pessoas: a partir do estabelecimento de uma comunicação constante e transparente, é possível construir um ambiente positivo de trabalho.
- Trocas de informação estimulam o desenvolvimento: bons líderes buscam, por meio da conversa, entender os fatores motivadores de cada liderado e também perceber quais são as competências importantes para cada posição, a ponto de estimularem o desenvolvimento de seus profissionais com base em suas motivações e nas necessidades das áreas e dos cargos.

Na gestão de pessoas, o bom líder precisa saber se articular, se comunicar bem para orientar e desenvolver a equipe.

Na gestão de equipes de alta performance, o planejamento envolve analisar e saber usar os recursos disponíveis, pensando com antecedência na melhor forma de usá-los a favor do objetivo organizacional e da área.

O líder deve ficar longe do fazejamento e da planejação. Do que ele deve se aproximar é do planejamento. Planejar é um ato de respeito para com as pessoas que dependem de você para atingirem suas metas e objetivos.

Esse planejamento traz algumas vantagens:

- Garantir a entrega: se planejamos nossas tarefas, sabemos como e quando as entregaremos, pois conhecemos suas etapas.
- Evitar o retrabalho: se temos algo planejado, sabemos como fazê-lo e "antecipamos" possíveis problemas.
- Melhorar a produção e, consequentemente, a qualidade das tarefas executadas: prevemos o tempo que levaremos para executar cada passo e do que precisaremos para isso.
- Evitar o cansaço e frustrações: o caminho a percorrer é predeterminado, então sabemos onde cada etapa do processo nos levará e como.
- Ganhar produtividade e eficácia: ganhamos mais tempo para exercermos outras atividades, pois não perdemos tempo "quebrando a cabeça" durante o processo, pensando em como faremos para executar tal tarefa. Lembre-se: você tem 1.440 minutos de vida por dia. Logo, seus vendedores ou sua equipe, também.

Afinal de contas, o que é o tempo, além da duração de acontecimentos e fatos, o que determina os momentos, os períodos, as épocas, as horas e os dias?

Gerir melhor o tempo também traz algumas vantagens:

Traz foco nas atividades importantes e urgentes: saber usar bem o tempo não significa que apenas as atividades urgentes, para as quais não há tempo adequado, são aquelas que devem ser priorizadas. As importantes também merecem prioridade!

O bom uso do tempo mostra que as atividades são feitas no tempo necessário, não só no tempo disponível.

- Otimiza recursos: com planejamento e boa gestão do tempo, o líder e os vendedores podem analisar os recursos disponíveis (orçamento, tempo, pessoas, etc.) para avaliarem como usarão os recursos da melhor forma, otimizando-os sem perder sua qualidade. Em meu livro Como Construir Objetivos e Metas Atingíveis, discorro sobre a importância de conhecer e gerir os sete recursos.
- Aumenta produtividade: um dos objetivos ao fazer uma boa gestão do tempo é poder se dedicar a mais atividades no mesmo tempo ou em período menor, mas com qualidade e dedicação.

Se você quer um grande "COMO" fazer isso, liste sua rotina, primeiramente. Depois, coloque as coisas importantes a serem feitas em uma agenda controlada por minutos. Assim, sobrará tempo para as urgências e para o ócio.

O QUE 91

PARA VENDER MAIS E BEM, NÃO EXISTE UMA FÓRMULA. O QUE EXISTE É UM PROFISSIONAL AUTOMOTIVADO CAPAZ DE PLANEJAR COM TÉCNICAS E ESTRATÉGIAS ALIADAS AO ESFORÇO, ALGUÉM CAPAZ DE SUPERAR METAS.

COMO 91

Tem algumas coisas ou expectativas que já me cansaram: Uma delas é o fato de os vendedores esperarem uma fórmula mágica para aumentarem as vendas – cinco passos para ter sucesso em vendas, três maneiras de se tornar um campeão, sete maneiras de atingir o resultado, etc.

Esperarem que os seus gerentes cheguem com "descontinhos" e, sobretudo, que alguém faça as coisas por eles!

Certa vez, um contratante me chamou para uma rodada de palestras de motivação.

Ele falou assim:

– Zanutim, é só para ir lá e fazer a galera gritar!

Eu disse que estava contratando a pessoa errada; para o que ele queria, deveria contratar um animador, um mágico ou um palhaço. Nada contra essas belas profissões, mas para ser um vendedor de alta performance é preciso mais do que uma injeção de ânimo: é preciso ter uma caixa com ferramentas excepcionais para enfrentar as objeções em vendas, os clientes exigentes e as metas desafiadoras.

Até porque, como digo, toda venda é única pela mudança de três fatores: o ambiente, o cliente e você. Portanto, não há cinco, três ou sete passos para uma venda perfeita!

Em vendas, não há obviedade. Vendedores de baixa performance podem acreditar nela, mas vendedores de alta performance, por sua vez, jamais!

O óbvio pode bloquear o desenvolvimento de vendas superiores, além de afetar significativamente a capacidade de formular perguntas poderosas. Acreditar no óbvio leva ao "mimimi", a colocar a culpa nas situações e nas pessoas diante da queda da produtividade.

O PODER DA DISCIPLINA NO CUMPRIMENTO DE METAS

De que é feita a vida, senão de objetivos a serem alcançados? Seja no ambiente profissional, ou pessoal, o ser humano vive em uma busca constante de concretizar seus propósitos. Saber o lugar em que se deseja chegar, faz com que as pessoas levantem das camas diariamente e sigam suas mais variadas rotinas.

Não é uma tarefa fácil para a grande maioria, pois exige um conjunto de esforços e mudanças de hábitos para, quem sabe, poder alcançá-los. Mas certamente uma pessoa disciplinada encontra-se muito mais próxima de seu objetivo.

Como disse o grande dramaturgo da Grécia Antiga, Ésquilo: "A disciplina é a mãe do sucesso". Vivemos em um mundo em que o talento faz o profissional obter bons resultados, mas aquele que acrescenta o hábito da organização e disciplina às suas qualidades atuais, pode chegar ainda mais longe.

O que é disciplina?

> "Se você só estiver disposto a realizar o que é fácil, a vida será difícil. Mas se concordar em fazer o que é difícil, a vida será fácil." (T. Harv Eker)

Uma pessoa disciplinada possui a capacidade de manter-se focada em todas as ações que podem impulsioná-la na direção de seus objetivos e metas, independentemente de circunstâncias adversas. É uma qualidade difícil de ser desenvolvida, já que o mundo dispõe de diversos estímulos que contribuem para as pessoas se dispersarem ou perderem a motivação.

Você já assistiu ao filme À Procura da Felicidade? Baseado em uma história real, é um ótimo exemplo sobre os benefícios de possuir disciplina em sua vida.

É narrada a vida de Chris Gardner, que após ser abandonado pela esposa, passou por situações críticas para que ele e seu filho sobrevivessem. Na época, Gardner vendia scanners usados e mal conseguia pagar por suas despesas básicas. Após alguns meses de aluguel atrasado, ele e seu filho foram despejados e passaram a dormir na rua.

Decidido a mudar sua triste realidade, Chris convence o chefe de uma corretora de ações a contratá-lo para uma vaga de estágio, mas fica surpreso ao descobrir que a vaga não era remunerada e que não havia garantia de efetivação. Ciente das dificuldades que enfrentaria, ele foca em seu objetivo e aceita a vaga. Com muito esforço e disciplina, se destaca na corretora e consegue a efetivação.

Como observado neste exemplo, às vezes é necessário abrir mão de determinadas situações do presente, para alcançar o sucesso no futuro. Ter disciplina exige sabedoria para seguir caminhos que irão concretizar seu objetivo, aconteça o que acontecer.

Na música Há Tempos, Renato Russo diz: "disciplina é liberdade". A princípio essa frase pode parecer contraditória, já que muitos a enxergam como uma restrição. Mas se pensar a longo prazo, quando exercida com inteligência, a disciplina é na verdade uma fonte de liberdade.

De que maneira a disciplina pode auxiliar no cumprimento de metas?

É evidente que quando são estipulados objetivos e metas, a equipe se sinta mais motivada a vender. Mas de nada adianta este incentivo se não houver organização da parte dos vendedores, que podem limitar sua eficiência por mera falta de disciplina e causar grandes prejuízos à empresa.

Aqueles que se sentem pressionados em alcançar a meta, por exemplo, podem reduzir a qualidade de atendimento ao cliente para abrir a possibilidade de atender mais pessoas por dia. O problema é que este tipo de conduta possui na verdade o resultado oposto, já que ao reduzir a qualidade de atendimento, diminui automaticamente a quantidade de vendas. Afinal, que cliente gosta de ser atendido como se fosse apenas mais um?

O vendedor bem disciplinado sabe dividir seu horário de acordo com os números que precisa alcançar, e distribui de maneira inteligente cada uma de suas atividades, de modo que também possa disponibilizar ao cliente um atendimento eficaz. Ele sabe que tem 1.440 minutos de vida por dia. Ninguém planeja fracassar, o que falta na maioria dos profissionais é falta de planejamento.

Por meio da disciplina é possível obter resultados satisfatórios ao vendedor, que certamente aumentará seu desempenho e qualidade de vida, e à empresa, que contará com um profissional responsável e capaz de aumentar os resultados das vendas.

E como tudo na vida, essa habilidade não se desenvolve sozinha, é necessário muito comprometimento e varia da força de vontade de cada um. Mas algumas dicas podem ajudar nessa transação, não é mesmo?

Pensando neste cenário, separei quatro passos para você que está disposto a melhorar seu desempenho e alcançar metas por meio da disciplina.

Acompanhe:

1. Comece pela sua vida pessoal.

Pode não parecer, mas é muito improvável que o profissional seja disciplinado e organizado no trabalho, se o mesmo não for feito em sua vida pessoal.

Vendedores possuem uma rotina agitada e exigem certos cuidados essenciais, então que tal adicionar alguns hábitos saudáveis no seu dia a dia? Praticar exercícios e alimentar-se corretamente, por exemplo, são benefícios para o seu bem-estar e podem implicar diretamente em uma melhoria de desempenho.

Novos hábitos necessitam de disciplina, e uma vez que aplicada em sua vida pessoal, será muito mais simples de repassá-la para a profissional. Então, se possível, proponha-se o desafio de incluir algo novo e positivo em sua rotina e veja o resultado com seus próprios olhos!

2. Mantenha o foco na estratégia.

"É mais importante adotar a estratégia correta do que buscar o lucro imediato." (Philip Kotler)

Às vezes é necessário mudar o rumo do seu olhar, tirando-o do objetivo final por alguns instantes para mantê-lo na estratégia que o levará até ele. Afinal, é praticamente impossível alcançar um objetivo sem que haja planejamento, não é? E neste momento é que se pode enxergar quais são os profissionais disciplinados.

Então vamos supor que sua meta seja vender 50 produtos por mês, o que é necessário para alcançar este resultado? Como você deve dividir seu tempo? Quais comportamentos você deve adotar em sua rotina? Quais recursos você tem disponíveis para atingi-la?

De acordo com essas questões, entre outras que achar pertinente, será possível adotar a melhor estratégia a ser seguida para enfim alcançar sua meta.

Você sabia que as tarefas aplicadas diariamente em nossas vidas tornam-se um hábito em aproximadamente quatro semanas? Neste período o cérebro se adapta com essa tarefa e passa a considerá-la como parte da rotina. Portanto, se você tiver força de vontade para trabalhar em sua estratégia diariamente, com o tempo se tornará algo automático.

3. Pare de postergar.

> "Postergar é ficar em dia com ontem." (Don Marquis)

É comum que o ser humano opte muitas vezes em deixar para amanhã as tarefas que podem ser realizadas ainda hoje, e este é o grande inimigo da disciplina. Claro que algumas situações realmente exigem que sua solução seja adiada, mas o problema é quando isso se torna frequente. Sem perceber, a motivação de realizá-la foi embora e sua meta foi perdida.

Evite este hábito sempre que possível, profissionais disciplinados não deixam a procrastinação afetar seu desempenho. E lembre-se que quanto antes sua atividade for resolvida, mais perto você estará de sua meta.

4. Faça acontecer.

De nada adianta saber o que deve ser feito, se você não colocar em prática. Nenhum fator significante pode mudar em sua vida sem que você aja diariamente para isso, até lá, sua estratégia não passa de uma simples estratégia. Lembre-se que cada minuto de seu dia é crucial para gerar resultados.

Se possível, defina um checklist todas as manhãs com as funções que seguirá no decorrer do dia e cumpra cada uma delas. Quebrar suas metas em submetas manterá seu objetivo vivo dentro de você.

É natural que o corpo e a mente façam de tudo para que você resista ao crescimento. Você sentirá preguiça e em alguns momentos começará a desacreditar de seu potencial, mas desenvolver um comportamento disciplinado demanda esforço e implica diferentes graus de desconforto.

É necessário focar na ideia de que os resultados são compensadores e jamais desistir. Como disse Thomas Edison: "Nossa maior fraqueza está em desistir. O caminho mais certo de vencer é tentar mais uma vez."

Transforme a disciplina em sua amiga diária e quando se der conta ela já se tornou um hábito. Seus benefícios são incontáveis, e quanto maiores os resultados obtidos por meio dessa habilidade, mais longe você desejará chegar.

E lembre-se:

> "Agarra-te à disciplina e não a soltes, conserva-a, porque é a tua vida." (Provérbios 4.13)

O QUE 92

DEIXEI ESSA DICA POR ÚLTIMO, POIS, PARA MIM, É A QUE REPRESENTA A NOSSA PROFISSÃO MARAVILHOSA AO RESUMIR, DE FORMA BEM "MANEIRA" E EFICAZ, O QUE É VENDA PARA MIM E O QUE ELA REALMENTE SIGNIFICA.

COMO 92

O esquema é ilustrativo, mas vou explicá-lo.

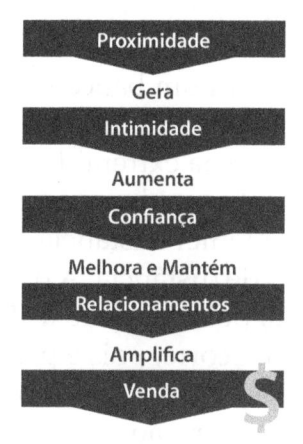

Proximidade
Gera
Intimidade
Aumenta
Confiança
Melhora e Mantém
Relacionamentos
Amplifica
Venda

Sempre acreditei em vendas e em sua capacidade de mudar tudo, mesmo sabendo que não é uma das profissões mais conceituadas na sociedade.

Costumo dizer que é a única atividade que pode mudar a vida de uma pessoa para o melhor em um curto espaço de tempo, caso a pessoa se dedique a ela.

Certa manhã, em São Paulo, dentro do metrô, a questão da profissão me incomodou demais e eu quis dizer algo sobre vendas que fizesse sentido para mim e para outras pessoas. Assim, desenhei o esquema.

Comecei a pensar que, quando nos aproximamos das pessoas, sempre há um motivo. Verdade! Ou você nunca parou para pensar sobre isto?

Aquele lance de que não há almoço grátis é a mais pura verdade! O que nos aproxima são os interesses, as necessidades e os desejos.

Nossas relações são relações de interesses!

Porém, creio que a proximidade é capaz de gerar intimidade. Existe um conceito chamado de zona proxêmica. Você já ouviu falar dele?

O antropólogo Edward T. Hall desenvolveu esse conceito na década de 1960 para descrever o espaço pessoal de indivíduos em um meio social. E já que venda é relacionamento e relacionamentos são ações sociais, vamos ver como é.

Gosto de exemplificar a zona proxêmica a partir do exemplo do banco de praça.

Quando alguém encontra um banco de praça já ocupado por outrem, sentado em uma das extremidades, a tendência é que a pessoa que chegou se sente na extremidade oposta, fazendo com que haja certo espaço, ou "zona de segurança", entre os dois.

Para Hall, o fato de manter distância é tão humano que ele categorizou quatro tipos de distância. A primeira delas, Hall chamou de distância íntima, pois vai de 15 a 45 centímetros, e é nessa zona que a intimidade ocorre, pois é possível abraçar tocar ou sussurrar. A segunda é a distância pessoal, que vai de 45 a 120 centímetros e serve para interação entre amigos próximos.

A terceira, chamada também de distância social, vai de um a três metros e serve para interação entre conhecidos. A quarta, chamada de distância pública, é acima de 3,5 metros e serve para falar em público.

Ele também verificou que culturas diferentes mantêm diferentes padrões de espaço pessoal.

Em nossa cultura latina, por exemplo, as distâncias relativas são menores, pois as pessoas não se sentem desconfortáveis quando estão próximas; nas culturas nórdicas, ocorre o oposto.

Outra caraterística que ele observou foi que as distâncias pessoais também podem variar em função da situação social, do gênero e de preferências individuais.

Assim, quando a proximidade gera intimidade, ou seja, quando afeta a zona íntima, isso faz com que, naturalmente, a confiança aumente.

Quando alguém, ou um cliente ou comprador, passa a confiar em você como vendedor, a relação muda de patamar e passa para o próximo nível do meu esquema.

Nesse momento, você deve ter a consciência de que essa confiança está pautada em valores, crenças e condutas éticas e morais.

Você tem que ter o foco no foco do cliente, fazer com que, de forma muito transparente, ele ganhe dinheiro com você e tenha o menor número de problemas possível.

O peso dessa relação é tão grande e importante que eu considero o divisor de águas para os bons relacionamentos.

Você sabia que a palavra confiança vem do latim *confidere*? Ela é formada por *com*, de valor intensificador, mais *fidere*, que significa "acreditar, crer", e que deriva de *fides*, que significa, por sua vez, "fé".

A manutenção constante dessa confiança nos clientes deve ser realizada pelo vendedor de alta performance para que ele mantenha e melhore constantemente os relacionamentos.

Venda é relacionamento puro! Você já deve ter ouvido falar disso, mas tenho certeza de que não sabia que, antes de pensar em relacionamento, faz-se importante pensar em proximidade, em intimidade e em confiança. Esses três passos do meu esquema formam a base dos relacionamentos em vendas e eu diria mais: formam a base de todos os relacionamentos!

Para relacionamentos duradouros, com boa manutenção, eu gosto de utilizar o termo network. E note que uso *work* porque esses relacionamentos dão trabalho.

Network não é sua rede do Facebook, a manutenção do seu Instagram ou os seus grupos do WhatsApp.

Network é uma forma profissional de trabalhar a sua rede de relacionamentos para amplificar e fortalecer as vendas e as negociações.

Fazer network tem a ver com sua agenda de trabalho, e um vendedor de alta performance tem tempo em sua agenda para cafés e almoços com pessoas-chaves, que podem alavancar sua carreira, seus negócios e as vendas.

Um bom vendedor também tem tempo na agenda para encontros formais com clientes e compradores.

Dessa forma é que os relacionamentos amplificam as vendas e melhoram as negociações.

Os relacionamentos devem, também, ter o foco no foco do cliente, pois um vendedor de alta performance deve estar sempre atento às vantagens e benefícios que gera para si, para seus clientes e para a empresa a qual representa.

Nesse contexto, é importante fazer a distinção entre clientes e compradores, visto que os primeiros são os que já estão em sua carteira, e os últimos estão em seu radar de prospecção.

Mas tome cuidado: não saia distribuindo cartões de visita em casamentos e em velórios; isso é chatice, não relacionamento! Se pensar em fazer essa besteira, lembre-se do meu esquema!

Nessas ocasiões, apenas dê cartões a quem solicitá-los.

Esse esquema é bem simples, mas extremamente eficiente quando colocado em prática no dia a dia de trabalho.

Assim, vender mais e melhor é uma ação diretamente ligada ao meu esquema.

O esquema também é altamente eficaz no caso das vendas digitais. Aliás, muito mais eficaz nas relações digitais, pois nessas relações a confiança é a principal chave para o sucesso e o bom relacionamento com os consumidores, o segredo do cadeado das vendas bem-feitas e constantes!

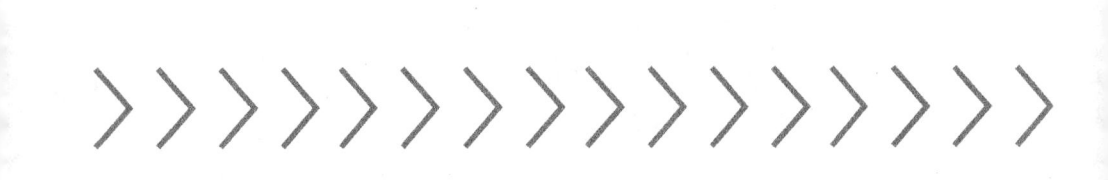

+1 (O QUE)

O ÚLTIMO.
SÓ QUE COM UNS COMOS EMBUTIDOS.

#

N essa quase última etapa de sua leitura desse livro, quero disponibilizar um resumo da minha palestra sobre "**OS 4 O QUEs** das vendas de alta performance".
Além disso, você lerá o meu conceito do Círculo de Platina para vendas de alta performance, que é capaz de fazer superar os desafios da venda do "só preço".

As pessoas sempre me perguntam o seguinte:
– Zanutim, como posso vender mais e melhor? Como me tornar um vendedor de alta performance ou ter uma equipe de vendas de alta performance?

Tentando responder a essas e também a outras perguntas, resolvi criar a palestra do 4 O QUEs e compartilhar um série de vídeos que podem auxiliar as pessoas a se tornarem vendedoras de alta performance ou a terem uma equipe assim.

A facilitação gráfica que coloquei no começo foi um presente de um amigo e representa o resumo gráfico de tudo que irá ler a seguir.

Os 4 O QUEs, de acordo com o meu entendimento, são os quatro pilares essenciais para criar e manter um bom relacionamento em vendas com círculo virtuoso de negócios promissores e longevos, que podem ser ampliados com o círculo de platina.

Como disse, o tema é de uma de minhas palestras e estou compartilhando-a gratuitamente com você.

Vamos para o primeiro "O QUE", e, claro, o "COMO":

Eu já me cansei de ouvir tanta gente falar sobre o que fazer (na real? Estou de "saco cheio"!), então, adotei uma nova postura: toda vez que eu falar sobre um "o que", eu o explicarei com um "como".

O QUE seu cliente precisa? Essa é uma pergunta crucial para você fazer e obter respostas significativas a respeito dos reais motivadores de compra de seu cliente.

O que fez com que ele precisasse de você? E isso serve para qualquer segmento de negócio, seja ao tratar de produto ou serviço.

Antes de pensar em vender, antes de pensar em **convencer ou converter** seu cliente, pense no **QUE** interessa para ele, **O QUE** ele precisa de fato e, a partir disso, foque no como atendê-lo e entender melhor suas motivações para compra.

Vejo muitos vendedores por aí que não se preocupam em se concentrarem no que o cliente precisa. Ao contrário: eles gastam energia e tempo tentando "forçar" o cliente a comprar aquilo que eles querem vender, ao mesmo tempo em que tentam **convencer ou converter** o cliente em vez de persuadi-lo e influenciá-lo para a compra de um produto ou serviço que o ajude, que o auxilie e que faça com que ele (o cliente) ganhe dinheiro e melhore seus resultados.

Meu Deus! Caramba! Quando os vendedores entenderão que o foco da venda é o cliente?

Suas obrigações como um vendedor de alta performance, nesse momento, são: saber muito sobre o cliente e saber o que o impulsionou a comprar o produto ou serviço que você oferece. Por que ele deveria comprar de você e não dos outros?

Um vendedor de alta performance deve desenvolver cada vez mais a capacidade incrível de criar, fazer e praticar boas perguntas, bem como a capacidade de ouvir atentamente.

Vendedor de alta performance pergunta mais do que responde e ouve mais do que fala.

Se quiser, você pode acessar meu canal no YouTube: https://www.youtube.com/claudiozanutim e assistir ao vídeo sobre perguntas poderosas para você saber COMO construí-las.

Mas, quero antecipar uma dica para você, leitor: crie perguntas fechadas, abertas, manipuladoras, influenciadoras, diretas, situacionais, implicadoras, problemáticas e de solução das necessidades. Assim, terá um repertório com mais de 50 perguntas "matadoras" para fazer aos seus clientes e descobrir, de fato, o que eles precisam!

Lembre-se do seguinte: o cliente não sabe o que ele precisa até você mostrar e apresentar uma solução ímpar, incomparável, para atender à necessidade que é só dele; todo cliente é único. Trate-o como tal!

Olhe só: eu já acompanhei clientes que saíram para comprarem uma casquinha de sorvete e voltaram com uma bolsa, outros que saíram para comprarem um ventilador e voltaram com uma bicicleta, bem como alguns que saíram para comprarem uma moto e voltaram com um carro!

Um vendedor de alta performance deve praticar suas perguntas diariamente para melhorar seu desempenho na intenção de atender e servir melhor aos seus clientes e à sua empresa.

Quando realmente existe o foco no cliente, há preocupação legítima em atender as necessidades reais dele. A partir disso, você pode partir para "O QUE" o cliente procura.

Quantas vezes ouvimos histórias de pessoas que saíram para comprarem determinado produto e voltaram com outro? Até mesmo você já deve ter passado por uma situação assim!

Então, agora que você sabe qual é o segundo **"O QUE"**, quero pensar com você no **"COMO"** podemos satisfazer a procura do cliente.

Um vendedor de alta performance deve estar conectado ao seu cliente durante todo o processo de vendas, desde os primeiros 8 ou 10 segundos do contato inicial até o pós-venda.

Quanto aos 8 ou 10 segundos, está comprovado que são cruciais para uma boa venda acontecer. Costumo dizer que esse tempo de conexão imediata chega a ser responsável em até 30% por um bom fechamento e que essa conexão é capaz de manter a interação entre as partes e fazer com que a venda flua harmoniosamente.

Sentiu a importância de se conectar rapidamente ao seu cliente? Olhar o celular no momento da venda ou se mostrar disperso é interpretado como descaso pelo cliente, que sente a falta de conexão.

Durante essa conexão, você deve saber identificar o que motivou o cliente a procurar algo.

Você sabia que as pessoas procuram adquirir alguma coisa quando suas necessidades afloram? São motivadas por moda, interesse, comodidade, afeto, estilo de vida, segurança, orgulho ou status.

Após descobrir o que seu cliente procura, fica fácil servi-lo em sua necessidade mais básica de compra, e, a partir disso, procurar vender produtos complementares capazes de aumentarem o ticket médio da venda.

Sem pressa! Digo que a vontade de ganhar faz perder o medo de perder.

"Sacou"? Nada de deixar transparecer para o cliente que você quer "empurrar" algo para ele, mas sim deixar transparecer que você quer auxiliá-lo e ser um consultor que o deixará satisfeito.

Você poderia me perguntar, agora:

– Zanutim, como posso fazer isso funcionar de verdade? Parece-me fácil quando você fala, mas você não conhece o meu mercado, produto e dia a dia.

Quando criei os **4 O QUEs**, imaginei situações desse tipo, então os construí de uma forma que fosse fácil para as pessoas seguirem as etapas em qualquer um destes três itens distintos: mercado, produto e disciplina diária. Além disso, eu os criei para servirem em quaisquer setores.

Quando você consegue descobrir o que seu cliente procura, sua abordagem, sondagem, oferta e fechamento começam a "funcionar" bem melhor. Afinal, ao saber do que ele precisa, basta servi-lo com o que ele procura!

A grande diferença entre o que ele precisa e o que ele procura está no fato que não necessariamente o cliente sai para procurar o que precisa. Muitas vezes, os compradores não têm clareza sobre os produtos e serviços disponíveis no mercado. Quem conhece a fundo esses produtos e serviços é você, o especialista. Se não é, deveria se tornar!

Hoje, o cliente tem muitos canais de busca e de procura, portanto, é obrigação de um vendedor de alta performance estar conectado ao cliente, principalmente ao atendê-lo presencialmente, de modo a ofertar não só o que ele sai para procurar, mas também o que ele precisa e não sabe que precisa.

Quando você descobre os dois, é venda certa!

Lembra-se do primeiro "**O QUE**"? Manter o foco no cliente e no foco do cliente é uma questão essencial. Muitos vendedores despreparados perdem clientes por não se concentrarem em detalhes da venda e do comprador.

Uma venda de alta performance tem o foco nas nuances, nos detalhes e nas minúcias.

Quando realmente existe o foco no cliente e você sabe do que ele precisa, significa que pode avançar para o terceiro **O QUE** o **CLIENTE ESPERA** da sua empresa ou produto.

Waldo Emerson formou a seguinte frase: suas atitudes falam tão alto que não consigo ouvir sua voz.

Os clientes esperam das empresas, dos vendedores e dos produtos/serviços uma **atitude realista, transparente e coerente**; esperam uma postura correta e uma gestão profissional dos processos e das carteiras.

Quer saber como fazer isso melhor? Faça um curso de KAM (Key Account Manager).

Vendedor de alta performance tem postura, técnica e gestão.

O cliente espera, principalmente hoje, em um momento no qual enfrentamos tanta corrupção, falcatrua e propina, que o vendedor, a empresa e o produto sejam **bons, éticos e de qualidade**. O cliente deseja confiar em todos esses quesitos.

Trata-se de credibilidade e comprometimento. Digo que temos que estar atentos aos "novos ares" do consumo e do comportamento dos clientes e dos compradores.

Ter um **posicionamento ético** faz de você um vendedor da mais alta performance, além de sustentar significativamente seus relacionamentos de médio e longo prazos com os clientes.

Outra coisa que o cliente espera é o **bom senso:** um vendedor que entenda o que ele precisa e procure fazer as ofertas mais significativas, que irão satisfazer as necessidades dele, superar suas expectativas e atendê-lo de forma relacional e transacional. Quando o cliente sabe que tem vantagens e benefícios, ele é mais fiel. Atender de forma relacional é atender de maneira que se mantenha uma relação saudável e verdadeira de venda e compra, na qual o cliente perceba que você o ajudou e não o ferrou! Ele sabe que, com você, ele ganha dinheiro!

Os clientes esperam sempre uma **pronta resposta** de um vendedor de alta performance, não uma resposta pronta, tanto nas situações corriqueiras como nos imprevistos. Cansei de ver vendedores que logo após a entrega do serviço ou do produto ficaram com receio de entrarem em contato com o cliente, imaginado que ele poderia fazer algum tipo de reclamação!

Gente, tudo que um vendedor de alta performance quer é que um cliente insatisfeito diga para ele suas insatisfações! Clientes que reclamam por algum motivo dão a oportunidade de melhoria. Por isso, esteja pronto para reclamações, pois, na hora do pós-atendimento, ele permanecerá fiel à sua empresa, ao produto, a você e aos seus serviços.

Tenho uma palestra e um treinamento que se chamam: **A reclamação é um presente!** Nessa palestra, estimulo os vendedores a lidarem com a reclamação do modo correto para superarem as objeções e melhorarem os resultados.

O cliente espera uma **postura proativa** de um vendedor de alta performance. Além disso, espera que o **foco** seja **constante**

nas soluções dele e para ele, de forma transparente, equilibrada, e, se possível, com foco no cliente dele.

Os clientes esperam **seriedade, compromisso e comprometimento**, tudo com muito bom humor e satisfação.

Vendedor de alto desempenho encara a profissão e o trabalho como dádiva, não como fardo; tem foco em soluções, não em problemas.

Como você pode ser e fazer tudo isso?

Com atitude positiva somada os seus conhecimentos e as suas habilidades; deve mudar seus comportamentos para estar em constante evolução.

Vamos para o último e não menos importante "O QUE": O QUE MEU CLIENTE GANHA COMPRANDO DE MIM?

Se você tem consciência e entendimento sobre o que ou quanto o cliente ganha comprando de você, é possível inverter a lógica-padrão de atendimento que a maioria dos vendedores comuns aplicam. Assim você consegue focar no **O QUE ELE GANHA COM ISSO** e não no "o que você ganha vendendo para ele".

Deixe-me compartilhar com você o que eu batizei de **O CÍRCULO DE PLATINA PARA VENDAS ALTA PERFORMANCE**, ferramenta capaz de apoiar você na construção de argumentações mais saudáveis e com foco na geração de valor.

A maioria dos vendedores de baixa performance trabalha, no dia a dia, com a lógica contida no círculo de platina abaixo:

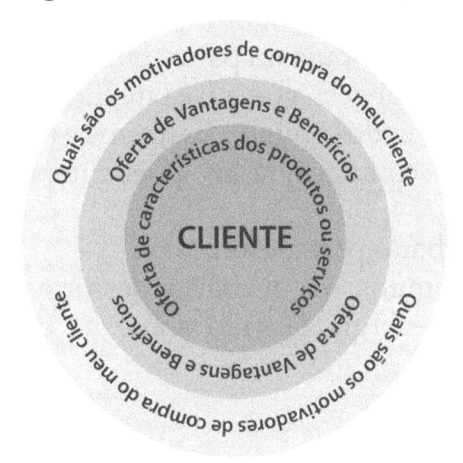

Eles têm sua maneira de pensar, seu *mindset* fechado, desenvolvido para a sequência que está no círculo acima e que eu considero equivocada, pois não traz aprendizado nem auxilia na construção de valor.

Vou falar porque acredito nesse equívoco. Porém, antes, quero abrir um parêntese para falar um pouco sobre performance.

Quero compartilhar com você algumas reflexões minhas sobre os conceitos de *mindset* fechado e *mindset* de crescimento.

Um cidadão chamado Nigel Holmes disse que uma pessoa com *mindset* fixo tem uma inteligência estática que faz com ela se ache inteligente o suficiente para não precisar de desafios e aprendizados, que a leva a não encarar obstáculos por considerar o esforço necessário para tanto como desnecessário.

É o tipo de gente que não aceita ou absorve as críticas e os feedbacks e que se sente ameaçada pelo sucesso de amigos, parceiros e conhecidos. O resultado disso tudo é uma acomodação precoce e uma perda inevitável de produtividade.

Eu acho que é isso que o professor Mario Sergio Cortella chama de "ficar velho".

Por outro lado, Holmes disse que uma pessoa com *mindset* de crescimento alcança altos níveis de conquistas e realizações, pois ela tem um grande desejo de aprender, o que a leva a encarar desafios cada vez maiores e mais significativos.

Diante dos obstáculos, ela não desiste e utiliza o verbo persistir no lugar de insistir, como direcionador; encara o esforço como uma máquina propulsora para a busca da excelência e ama receber críticas e feedbacks que a faça melhorar.

Admira o trabalho dos amigos, parceiros e colegas e se esforça para apreciá-los e compartilhá-los, pois entende que isso a faz crescer.

Ok! Vamos fechar o parêntese!

Vendedores comuns ou de baixa performance gastam um "baita" tempo e energia falando sobre as características dos produtos/serviços: falam para caramba sobre sua empresa, seu portfólio, até sobre eles, e assim por diante. Após gastarem um tempão nessa "ladainha", começam a tentar descrever as vantagens e os benefícios de seus produtos ou serviços para seu *prospect* ou cliente com um esforço descomunal na tentativa de convencimento e de conversão. Para tanto, utilizam frases como:

Você tem que...;
Você deve entender que...;
Você deveria...;
A última pesquisa diz...

Terminam seu discurso ou "ladainha" nos motivadores de compra do cliente, deixando o principal – o cliente! – longe do centro do círculo e mantendo as características no centro das atenções. ERRADO!

Você se lembra de quando falei, no segundo "**O QUE**", sobre as motivações que levam o cliente a procurar um produto ou serviço? Eu falei sobre moda, interesse, comodidade, afeto, segurança, orgulho e status.

Entendendo que o que motiva um cliente a comprar é muito mais significativo e importante do que as características de um produto ou serviço que levam ao convencimento e à conversão dele, fica mais fácil o processo da venda.

Pensar e descrever os motivadores coloca o foco centrado no cliente e não no vendedor, produto e/ou empresa. Pensei em uma forma nova de encarar a coisa, um *mindset* focado no crescimento e no desenvolvimento, um paradigma que batizei como **O círculo de platina para vendas de alta performance.**

Trata-se de uma inversão simples, porém, muito significativa e efetiva na forma de efetuar vendas com sustentabilidade.

Veja a diferença, simples, mas não simplista, desse círculo comparado ao anterior e a forma como ele se reflete.

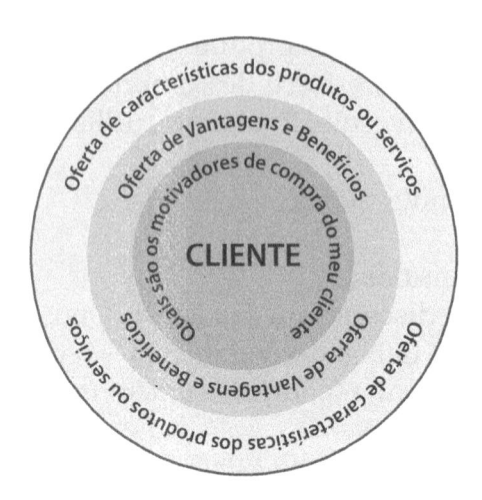

Círculo concêntrico com CLIENTE no centro, cercado pelas camadas: "Quais são os motivadores de compra do meu cliente", "Oferta de Vantagens e Benefícios", "Oferta de características dos produtos ou serviços".

Copyright©

Um vendedor de alta performance precisa ter o *mindset* do crescimento, deve pensar na venda de platina, perceber, descobrir e entender, por meio de perguntas poderosas e de uma escuta estruturada, quais são os motivadores de compra de seus *prospects* e clientes.

Após a descoberta dos motivadores, deve apresentar uma carta de vantagens e benefícios interessantes para o cliente. Afinal, manter o foco no cliente é essencial!

Após desvendar o ponto central, é possível compreender o que há de melhor no produto ou serviço que servirá para atender as necessidades, vontades, desejos e procura dos clientes ou *prospects*.

Quero fazer uma pausa aqui, só para alertar sobre algumas coisas.

Durante minhas caminhadas pelo Brasil, vejo e convivo com muitos gerentes, executivos e vendedores bons que não conseguem descrever e identificar quais são as características, as vantagens e os benefícios de seus produtos ou serviços. E realmente não são tarefas simples, visto que as pessoas não param para se prepararem antes de venderem.

Basta dedicar um tempo para fazer uma lista. Faça sua lista hoje, a partir de agora, se possível!

Caso não saiba fazer, veja agora como preparar um Carat.V.B.:

Características são atributos e informações sobre o que o produto/serviço, empresa ou vendedor **É**; faça a lista respondendo à pergunta: O QUE O PRODUTO/SERVIÇO É?

Vantagens são atributos ou informações sobre o que o produto/serviço, empresa ou vendedor **FAZ**; faça a lista respondendo à pergunta O QUE O PRODUTO/SERVIÇO FAZ?

Benefícios são atributos ou informações sobre o que o produto/serviço, empresa ou vendedor **PODE FAZER** por e para o seu cliente. Faça a lista respondendo à pergunta O QUE O PRODUTO/SERVIÇO FAZ POR E PARA O CLIENTE?

Dedique um tempo para fazer isso para cada produto ou serviço de sua linha e você colherá os frutos desse investimento de tempo em sua preparação logo nos primeiros clientes e negócios.

Voltemos ao círculo de platina para fecharmos.

O vendedor pode falar sobre as características de sua empresa ou produto para esclarecer dúvidas técnicas do cliente ou futuro cliente e também esclarecer informações sobre a empresa.

As características devem servir de apoio à venda. E então, conheça "de cabo a rabo" cada produto ou serviço e saiba tudo sobre a empresa onde trabalha. Assim, quando precisar dessas informações, elas lhe ajudarão a gerar valor para sua venda.

Creio que essa é uma boa maneira de você e sua equipe saírem da guerra de preços, da "comoditização" de tudo e trabalharem cada dia mais para gerarem valor.

Preço sempre será um fator importante para tomadas de decisões de compra, contudo, jamais será o único fator. Além do círculo de platina, existe o relacionamento, o que eu creio ser o coração e a alma das vendas.

Espero que esses 4 O QUEs tenham lhe ajudado.

Se lhe ajudaram, compartilhe com o maior número de pessoas que você conhece. Assim, poderemos ajudar mais e mais vendedores a terem sucesso e alcançarem a alta performance.

MINHAS CONSIDERAÇÕES

Para mim, qualquer esforço de melhoria tem que estar apoiado no que considero como as quatro grandes verdades da melhoria da performance em vendas.

Verdade 1: O que não se mede, não se gerencia. As pessoas e as empresas não mudam com facilidade, nem fazem mudanças porque isso é determinado, pois estão enraizadas com suas crenças. Contudo, as coisas que podem ser medidas, também podem ser feitas, visto que o motor da mudança é a medição. Meça suas vendas e perceberá melhorias contínuas.

Verdade 2: Adultos aprendem apenas no contexto do que eles julgam ser relevante para eles, como indivíduos. Só porque algo é bom para a empresa, não significa que será, necessariamente, adotado pelos vendedores.
O vendedor de alta performance deve estar sempre pronto a aprender, aprimorar seus conhecimentos.

Verdade 3: Gastar tempo em salas de aula é uma proposta cara, mas não desnecessária; treinar é muito importante!

Tempo em sala de aula deve ser dedicado aos tipos de aprendizado que requerem prática interpessoal e feedback. Um bom gestor comercial sabe o significado da técnica TBC (Tira a Bunda da Cadeira).

Verdade 4: Organizações não mudam rapidamente. O sucesso só vem de uma iniciativa que abriga experimentação em um processo de reforço, *coaching* e um feedback quantificado, objetivo e individual. A busca deve ser pela evolução em um processo contínuo de mudanças.
Se as organizações são construídas por pessoas, então as pessoas e os vendedores não mudam em velocidade rápida. Contudo, devem sempre estar prontos para as mudanças.

Quer ser um vendedor de alta performance? Evolua!

MODELO MENTAL:
APRENDA COMO MUDÁ-LO PARA VENDER MAIS E MELHOR

O ser humano possui a capacidade de escolher diferentes significados para o mesmo acontecimento. A demissão de um emprego, por exemplo, pode ser considerada uma oportunidade de recomeço ou um grande problema, tudo varia de acordo com a perspectiva de cada um. Mas quando um indivíduo escolhe ter um perspectiva positiva, certamente possui chances maiores de que os resultados sigam essa mesma linha. É o *mindset* de crescimento!

Como visto anterior sobre *mindset*, o sucesso pessoal e profissional está diretamente ligado com a maneira que os indivíduos tratam suas crenças e enxergam as questões diárias. O vendedor que supera suas limitações e acredita que suas habilidades podem ser desenvolvidas, certamente está um passo à frente dos restantes dos profissionais.

É como disse Henry Ford certa vez: "Quer você acredite que consiga fazer uma coisa ou não, você está certo." O problema das pessoas é que elas não acreditam que podem planejar aquilo que desejam ser ou alcançar. Tem que parar de ir para o fazejamento ou para planejação. Mas você pode seguir um caminho diferente, então que tal começar a adaptar seu modelo mental ainda hoje e melhorar suas vendas consideravelmente?

REDEFINA SEU MODELO MENTAL

"Não podemos resolver nossos problemas com o mesmo pensamento que usamos quando os criamos." (Albert Einstein)

Para redefinir a maneira de enxergar potenciais problemas é necessário insistir na ideia de substituir crenças negativas por positivas. O modelo mental é formado pela ligação de estímulos externos com a forma que a pessoa os enxerga, sendo assim, aqueles que conseguem bloquear os estímulos negativos certamente terão mais facilidade em atingir seus objetivos e metas.

Mas antes de tudo é importante que tenha em mente a seguinte questão: aonde você deseja chegar? É comum que a rotina agitada da grande maioria das pessoas as façam viver em piloto automático. Elas saem diariamente de suas casas para cumprir uma espécie de roteiro e acabam se perdendo de seu verdadeiro objetivo. Essa questão influencia diretamente na maneira de receber os estímulos externos.

Vamos ao exemplo prático para ficar mais claro. Você é vendedor e seu objetivo (onde quer chegar) é aumentar o número das vendas. Incontáveis fatores externos podem influenciá-lo de forma negativa, como clientes extremamente exigentes, por exemplo. Você pode enxergar essa questão de duas formas:

Problema: vendedores que encaram essa situação como um problema possuem o perfil de *"mindset* fixo", que ao enfrentar uma possível situação de fracasso preferem desistir da venda e automaticamente de seu objetivo.

Crescimento: Vendedores que encaram essa situação como uma oportunidade de crescimento, possuem o perfil de *"mindset* progressivo". Nesse caso a possibilidade de fracasso será transformada em oportunidade, e o vendedor terá ainda mais motivação para se empenhar no atendimento e concluir seu objetivo.

Percebeu como tudo é questão de perspectiva? O sucesso depende da vontade e disposição de cada um. Fernando Pessoa reforça essa ideia com o seguinte pensamento: "Agir, eis a inteligência verdadeira. Serei o que quiser. Mas tenho que querer o que for. O êxito está em ter êxito, e não em ter condições de êxito. Condições de palácio tem qualquer terra larga, mas onde estará o palácio se não o fizerem ali?"

Agora que você está com seu objetivo em mente e sabe que deve manter o *mindset* progressivo, acompanhe o restante das dicas que considero fundamentais para mudar seu modelo mental e aumentar o número de vendas:

Crie uma "âncora": você conhece a técnica chamada "âncora"? Apesar de não ser muito conhecida, ela é bastante utilizada por psicólogos para criar gatilhos mentais que ativem sentimentos ou estados emocionais.

Sabe quando você vê um objeto, ou sente um cheiro específico que o remete a alguma lembrança? Até mesmo quando ouve uma música e se lembra de uma pessoa ou algum momento especial? Essas associações são gatilhos criados pela mente sem ao menos nos darmos conta.

Então que tal criar sua própria âncora? Pense em um momento que você se sentiu extremamente confiante e o associe a um objeto ou uma ação. Por exemplo, pense na venda mais difícil que você conseguiu finalizar e associe essa lembrança a uma caneta que está sempre em seu bolso. Ou lembre-se do dia em que alcançou a meta e concentre-se nessa lembrança enquanto movimenta seu punho fechado repetidas vezes. Nos dias que se sentir desmotivado, basta segurar a caneta ou repetir o movimento do punho para sua mente ativar o gatilho da confiança.

Pode parecer simples, mas quando praticada diariamente é possível obter grandes resultados.

> **Resolva questões passadas: "Somos o que fazemos, mas somos, principalmente, o que fazemos para mudar o que somos." (Eduardo Galeano)**

Sabe aquela recordação que você prefere deixar trancada em uma gaveta para não se abalar? Está na hora de resolvê-la, amigo vendedor. Pode parecer que quando se evita um pensamento ele deixa de existir, mas a verdade é que ele ainda está em seu subconsciente e afeta diretamente suas ações.

Supondo que você se sinta inseguro em relação a determinado produto ou serviço devido a um feedback negativo que recebeu do cliente. Ao invés de canalizar sua frustração no cliente ou no produto, por que não tentar entender o motivo desse feedback? Será que o cliente não tinha razão? Quando se observa a situação por essa perspectiva é possível descobrir importantes mudanças em seu comportamento. Observe o cenário:

O cliente estava certo: após analisar a situação você se deu conta que realmente falhou em alguns aspectos. Agora você saberá quais pontos precisa melhorar para o erro não se repetir futuramente. Faltou conhecimento em relação ao produto? Busque conhecimento. Você não estava em um dia legal e o atendimento não foi dos melhores? Estude uma maneira de separar os problemas pessoais e profissionais para que isso não se repita.

O cliente estava errado: você analisou a situação inúmeras vezes e ainda assim o feedback não pareceu correto. Procure analisar o perfil do cliente para que em situações similares no futuro, você tenha mais "jogo de cintura" ao conduzir a venda.

Há sempre uma maneira de se aperfeiçoar, estando ou não com a razão. Um vendedor que deseja aumentar suas vendas precisa estar com seu modelo mental preparado a lidar com as mais diversas situações de maneira positiva, caso contrário tende a repetir os mesmos erros. Então busque conhecimento em suas experiências passadas e adapte sua mente.

Acredite verdadeiramente:

"Imagine uma nova história para sua vida e acredite nela."
(Paulo Coelho)

Todos almejam a realização de seus objetivos, mas será que acreditam verdadeiramente na possibilidade de alcançá-los? Conforme falado no início do texto, as pessoas não sabem da força que o querer e o planejar possuem em suas vidas.

É importante ter ciência de que imaginar a realização de algo é apenas um sonho, o que fará com que seu objetivo seja real é a vontade e o planejamento. Então se você deseja melhorar sua qualidade de atendimento e aumentar o número de vendas, acredite. Você é capaz!

Finalizo o assunto reforçando que o modelo mental pode ser o fator decisivo na finalização de uma venda, portanto é fundamental que você se esforce diariamente para manter a mente preparada para as mais diversas situações, esse trabalho exige esforço e é contínuo.

E caso aconteça de você não se sentir preparado para enfrentar algum desafio, lembre-se de alguém que você admira e pense o que ela faria em seu lugar. Espelhar-se em pessoas que você confia é a maior motivação para alcançar a realização de seus objetivos.

> "O pensamento positivo pode vir naturalmente para alguns, mas também pode ser aprendido e cultivado, mude seus pensamentos e você mudará seu mundo."
> (Norman Vincent Peale)

"PRA FECHAR"

PIRÂMIDE NEUROLÓGICA: SAIBA COMO UTILIZÁ-LA PARA ALCANÇAR SUAS METAS EM VENDAS.

Um importante fator para a empresa medir o desempenho dos funcionários e motivá-los a produzir de maneira mais efetiva é por meio do estabelecimento de metas. Dessa forma também é possível que o vendedor saiba o resultado que deve alcançar para obter sucesso e reconhecimento profissional. Afinal, o que não se mede não se gerencia.

É evidente que os vendedores, assim como qualquer ser humano, possuem perfis e capacidades de produção diferentes. Alguns sentem mais facilidade em definir estratégias para aumentar sua performance, enquanto outros podem manter-se presos no roteiro que costumam seguir diariamente.

Mas independentemente do seu nível de facilidade e conhecimento, é sempre possível evoluir e aperfeiçoar suas habilidades. Já dizia Thomas Edison: "Há uma forma de fazer isso melhor: encontre-a."

Pensando neste cenário, apresentarei a Pirâmide Neurológica, uma ferramenta que pode potencializar ainda mais seus resultados. O nome pode parecer complicado a princípio, mas garanto que sua execução é simples e o resultado é fantástico. Acompanhe:

PIRÂMIDE NEUROLÓGICA

Baseada no estudo de Gregory Bateson sobre níveis de aprendizagem, a pirâmide neurológica foi criada por Robert Dilts, um dos desenvolvedores da Programação Neurolinguística (PNL). É uma ferramenta poderosa de transformação pessoal, pois por meio dela é possível compreender qual a sua missão de vida e com isso potencializar seus resultados de maneira alinhada.

Essa pirâmide ilustra uma hierarquia com os níveis neurológicos do ser humano de acordo com suas percepções e experiências. Ter conhecimento desses níveis é importante tanto para o aperfeiçoamento pessoal, quanto para obter melhorias na comunicação e compreensão com outras pessoas. Ela é dividida em seis níveis, conforme imagem a seguir:

```
         Espiritualidade
          Identidade
       Valores e crenças
         Habilidades
        Comportamentos
           Ambiente
```
Fonte: Robert Dilts.

Esse processo faz com que o indivíduo tenha maior consciência de como deve se comportar nas mais diversas situações, e assim se sinta mais aberto às mudanças comportamentais para atingir seus objetivos. Abaixo explicarei detalhadamente cada um dos níveis e como utilizá-los para seu benefício profissional no cumprimento de metas, para chegar a objetivos, veja:

1º NÍVEL: AMBIENTE – OPORTUNIDADE OU RESTRIÇÃO

A todo momento o ser humano influencia e é influenciado pelo ambiente no qual faz parte. Ninguém está isento a esse fator. O primeiro nível da pirâmide refere-se justamente a isso, o ambiente externo e a maneira como cada pessoa reage a ele.

É natural que essa percepção varie de acordo com a maneira que cada um foi criado e enxerga o mundo, mas você já parou para pensar que essa questão pode se tornar tanto uma oportunidade, quanto uma restrição? O problema não está no ambiente físico em si, está na maneira como você o enxerga e se sente nele. O mesmo local pode ser considerado seguro por mim, e hostil por você.

Logo, um ambiente de trabalho considerado ruim pelo profissional, pode se tornar uma restrição e influenciá-lo negativamente na execução de sua atividade. Esse problema fará com que ele não se sinta confortável e muito menos motivado, e isso possui total influência no alcance das metas. Mas não se preocupe, é possível mudar essa percepção por meio do próximo nível.

O Ambiente é o onde e quando.

2º NÍVEL: COMPORTAMENTO – AÇÃO E REAÇÃO

> "É preciso que toda pessoa se conduza como se estivesse sendo observada por dez olhos e apontada por dez mãos."
> (Confúcio)

A maneira como as pessoas se comportam em determinado ambiente influencia diretamente em seu objetivo, portanto, dar atenção ao comportamento pode fazer toda diferença em sua transformação pessoal. Saiba que os níveis acima da pirâmide sempre influenciam os níveis abaixo, então ao mudar suas ações você também se torna capaz de melhorar a percepção do ambiente.

Qual comportamento você precisa mudar para alcançar a meta? Chegar no horário? Dar mais atenção aos clientes? Não importa qual seja, quando identificar aquilo que o impede de conquistar o sucesso se esforce para mudar o quanto antes. Quando você sabe o que quer e o que deve melhorar para chegar lá, o ambiente deixará de ser uma restrição e passará a ser seu aliado.

Os Comportamentos são os O QUEs.

3º NÍVEL: CAPACIDADES – DIREÇÃO ESTRATÉGICA

A forma de se posicionar diante do objetivo depende diretamente de sua capacidade em definir estratégias. Então, se você deseja aumentar sua performance nas vendas para alcançar a meta, responda as seguintes perguntas: Quais minhas competências e habilidades para isso? Como utilizá-las em meu benefício?

Ciente dessas duas questões você conseguirá traçar a melhor direção estratégica. E da mesma maneira que o comportamento influencia as ações do indivíduo em determinado ambiente, a capacidade o auxilia a obter novos e melhores comportamentos. Quando se sabe do caminho que deve ser seguido, é possível identificar quais características são mais adequadas para isso.

Lembre-se sempre que a capacidade pode ser adquirida por meio de estudos e treinamentos, então se você sentir uma deficiência em determinado assunto, não hesite em buscar conhecimento.

Como sempre digo: um vendedor de alta performance deve buscar o conhecimento constantemente e incansavelmente.

As Capacidades são os COMOs.

4º NÍVEL: CRENÇAS E VALORES – MOTIVAÇÃO

No artigo sobre o *mindset* vimos a influência das crenças para se obter sucesso na vida. Elas são responsáveis por guiar grande parte de nossas atitudes e nos manter motivados, portanto é importante desapegar-se das crenças limitantes e acreditar em seu potencial.

Os valores representam aquilo que é de importância para cada um. Quando a pessoa não considera determinada atividade importante, ela não se esforça para realizá-la e consequentemente afeta os níveis abaixo da pirâmide. Esta pessoa está em *mindset* fixo. Em contrapartida, se a pessoa valoriza a atividade, ela a considera importante e influencia positivamente o restante dos níveis.

Para que o vendedor acredite e dê importância para o cumprimento da meta, ele deve acreditar que é possível alcançá-la e que possui capacidade para tal, e acima de tudo, que essa conquista irá agregar valor à sua carreira. Se o pensamento seguir essa linha será ainda mais fácil definir a direção estratégica.

As crenças e os valores são os O QUEs.

5º NÍVEL: IDENTIDADE – SENSO DO "EU"

> "Conhece-te a ti mesmo e conhecerás o universo e os deuses." (Sócrates)

A identidade é relacionada à missão de cada pessoa e o senso que possui de si mesmo. É um dos níveis mais complicados, pois implica questões de autoconhecimento como: Quem sou eu? Qual minha missão de vida? Quais meus talentos? Quem eu realmente desejo ser?

Mas por meio dessas perguntas é que se torna possível atualizar suas crenças e valores, aprimorar sua capacidade e mudar para melhor seus comportamentos para assim poder construir um ambiente mais saudável e positivo.

Então, se possível, reserve um tempo para você e responda essas questões. Quando se conhece verdadeiramente, a vida parece ter um novo sentido e é possível conquistar resultados ainda mais incríveis. Mas para saber mais sobre si mesmo, é necessário avaliar a **Afiliação** – Relacionamento.

O ditado "Diga-me com quem andas e te direi quem és" se encaixa perfeitamente aqui. O grupo no qual você pertence, seja família, amigos próximos, colegas de trabalho (que muitas vezes se convive mais do que com a própria família), ou qualquer outro que você faça parte, também reflete em sua identidade.

Nosso conhecimento e experiência muitas vezes partem daqueles que nos relacionamos diariamente, pessoas que compartilhamos conquistas, sonhos, entre outros sentimentos. Mas é importante filtrar apenas o que realmente importa, para que isso não influencie em sua verdadeira essência. É comum que haja um conflito de identidade e muitos vivam aquilo que os outros desejam, e não seus próprios desejos.

No caso das vendas, procure não se influenciar pelos colegas de trabalho. Às vezes a pessoa se sente incapaz de cumprir a meta e tenta persuadi-lo com a mesma mentalidade. Repense em quem está à sua volta e principalmente com quem divide suas conquistas, pode não parecer, mas isso possui grande influência no sucesso profissional. Somos a média das cinco pessoas com as quais mais andamos.

A identidade ou papel é o QUEM.

6º NÍVEL: ESPIRITUALIDADE – PROPÓSITO

Para finalizar, o último nível está ligado ao desenvolvimento espiritual e a forma que o indivíduo se relaciona com o que existe fora de si. Podemos resumi-lo ao seu propósito de vida e na imagem que deseja passar ao mundo.

Ter um propósito definido o incentiva a sair de casa todas as manhãs para alcançá-lo. Muitas pessoas estão estagnadas com suas rotinas e obtêm sempre os mesmos resultados, portanto, permita enxergar o que há dentro de você e procure evoluir diariamente.

Para finalizar, foque no cumprimento de sua meta e apoie-se em cada nível da pirâmide neurológica para alcançá-la. Essa ferramenta é capaz de promover uma profunda reflexão e resgatar importantes aspectos para motivá-lo.

A Espiritualidade é o QUEM (isto mesmo, são as pessoas que você impacta).

> "Não se consegue resolver um problema no mesmo nível em que foi criado. É necessário subir a um nível mais alto".
> **(Albert Einstein)**

LEIA TAMBÉM:

Como Construir Objetivos & Metas Atingíveis
Claudio Zanutim

DVS EDITORA

São Paulo, 2018
www.dvseditora.com.br